사랑을 시작할 때
우리가 망설이는 이유

사랑을 　우리가
시작할 때 　망설이는 이유

미셸 스킨 지음
이규호 옮김

상처받는 관계에 지친 ― 당신을 위한 애착 수업

알에이치코리아

조건 없는 사랑과 지지로

내 인생의 방향을 바꿔준 그 사람에게 바칩니다.

"어린아이가 어둠을 두려워하는 것은 쉽게 눈감아 줄 수 있다.

삶의 진정한 비극은 어른이 빛을 두려워할 때이다."

— 플라톤 Plato

'책으로 연애를 배운다'는 표현은 실제 연애 경험이 적어서 사랑과 연애에 대한 비현실적 기대를 지닌 사람들을 놀리기 위해 종종 사용되곤 한다. 그러나 연애가 누구에게나 식은 죽 먹기처럼 쉬운 것은 아니다. 어떤 이들은 시행착오를 거치며 자연스럽게 배우지만, 누군가에게는 연애 자체가 쉽지 않고 기회도 좀처럼 찾아오지 않는다. 그렇다면 책으로라도 배워야지 하지 않겠는가? 그래야 어렵게 찾아온 연애의 기회를 망치지 않고 건강한 관계를 잘 맺을 수 있을 테니 말이다. 그러니 이 책을 집은 손을 부끄러워하지 않길 바란다.

지금은 운 좋게 결혼도 하고, 대학에서 가족관계와 가족상담 과목을 가르치는 교수로 일하고 있지만, 사실 나 역시 연애가 어려웠다. 좋아하는 사람에게 마음을 전하기가 쉽지 않았고, 자신감이 없어서 우물쭈물하는 사이 다른 이가 먼저 고백해 커플이 되는 일도 있었다. 용기를 내어 사귀는 데까지는 성공하더라도 이성과 연애에 대한 무지로 실망과 상처를 주고받으며 헤어지곤 했다. 그게 다 '몰라서' 그랬다. 알려면 배워야 하고, 좋은 책이 필요하다. 난 이 책이 연애를 준비하거나 돌아보는 과정에서 읽어야 할 도서 목록에 들어가기 충분하다고 본다.

이 책은 단순히 상황별 상대의 마음을 얻는 기술을 늘어놓는 연애 지침서가 아니다. 흔히 연애와 인간관계에 관한 책들은 "이렇게 하면 상대의 마음을 얻을 수 있다"는 식의 단기적인 '팁'을 소개하는 데 그치는 경우가 많다. 하지만 저자인 미셸 스킨 박사는 많은 사람이 관계에서 겪는 '버림받는 두려움fear of abandonment'이 어디에서 비롯되는지 깊이 파고든다. 그녀는 부모나 보호자의 부재, 일관되지 않은 애정 표현, 감정적 결핍 등이 어떻게 불안정한 애착을 형성하는지 분석한다. 이러한 어린 시절 경험은 성인이 되어서도 '나는 사랑받을 가치가 없다', '사랑하는 사람은 결국 나를 떠날 것이다' 같은 부정적 핵심신념을 강화하여, 연애와 대인관계에서 두려움과 갈등을 일으킨다. 이처럼 우리가 사랑을 망설이는 이유를 실감 나게 설명해 주니, 읽다 보면 자연스레 고개가 끄덕여질 것이다.

나아가 미셸 스킨 박사는 반복되는 감정 패턴과 행동 습관을 근본적으로 바꾸기 위한 실천 방법도 구체적으로 제시한다. 심리상담 전문가답게 그는 인지도식치료, 인지행동치료, 수용전념치료, 마음챙김 등의 기법을 활용해 관계에서 반복되는 패턴을 인식하고 극복할 수 있도록 돕는다. 또한 다양한 자가검사, 관계경험 일지, 행동 패턴 분석 도구 등을 제공하여 독자들이 직접 자신의 관계 문제를 탐색하고 개선할 수 있도록 한다.

물론 이 책이 모든 문제를 단번에 해결해 주는 만병통치약은 아니다. 그러나 연인 관계뿐만 아니라 다른 인간관계에서도 충분히 적용할 수 있다. 어린 시절 형성된 애착 패턴과 핵심신념은 가족, 친구, 직장 동료와의 관계에도 영향을 미친다. 따라서 이 책을 통해 자신을 이해하고 건강한 관계를 맺는 방법을 배우면, 연애뿐만 아니라 인생 전반에서 더 만족스러운 관계를 형성할 수 있을 것이다.

다만 이 책이 술술 읽히는 가벼운 책은 아니다. 심리 및 상담의 내용을 폭넓게 다루는 데다, 독자가 스스로를 돌아보고 직접 일지를 쓰는 활동도 포함되어 있기 때문이다. 따라서 이 책을 끝까지 읽고 실천하려면 어느 정도의 결심과 노력이 필요하다. 평소 독서를 즐기는 사람이라 해도, 느긋하게 소파에 기대어 앉아서 읽다 보면 중간에 포기하고 싶어질 수도 있다. 일기장을 준비하고 이 책에서 제시하는 대로 답을 적어 나가는 과정은 어쩌면 '치료' 또는 '교육'일 수도 있다. 그러니 처음부터 굳은 결심을 하고 읽는다면 분명 많은 도움을 얻을 것이다.

이 책의 메시지는 남녀 모두에게 똑같이 유효하다. 관계에 수반되는 불안과 두려움은 성별을 가리지 않기 때문이다. 나 역시 번역 과정에서 책의 내용을 읽으며 공감이 많이 되었고, 나의 연애 경험과 감정을 돌아보는 계기가 되었다. 그러니 편견 없이 이 책을 읽어보길 권한다. 또한 개인적 차원의 독서를 넘어 커플이 함께 읽으면서 대화를 나누거나, 연애 관련 상담과 교육에 활용해도 유익할 것이다.

이 번역서가 출판되기까지 도와주신 알에이치코리아 편집부 여러분께 진심으로 감사드린다. 끝으로, 연애에 서툴렀던 시절부터 지금까지 끊임없이 성장할 수 있도록 돕고 있는 아내에게 깊은 감사를 전한다. 부족함을 이해하고 함께 걸어 준 그 여정이 없었다면, 이 책의 메시지를 지금처럼 공감하고 독자들에게 전할 수 없었을 것이다.

상담사로서 내가 오랜 기간 지켜본 바로는 내담자가 중요한 타인, 즉 연인과 이별했거나 이별을 예상하게 될 때 상담실에서 볼수 있는 가장 고통스러운 순간이 연출된다. 중요한 관계의 단절이 가져오는 극심한 정서적 고통은 사람에 따라 버림받음, 배신, 조종, 정서적 박탈감 같은 견디기 힘든 감정을 일으킨다. 이러한 감정은 끝없는 자기비난, 자신의 필요와 권리를 지나치게 억제하는 행동, 강박적 회피, 연인에 대한 과도한 집착과 지속적인 의심, 관계를 회복하거나 복수하려는 집요한 생각에 사로잡히게 하고, 최악의 경우 극심한 우울, 불안, 또는 자해로 이어질 수 있다.

특히 상실, 방치, 학대의 경험으로 가득한 어린 시절을 보냈거나 자신이 사랑스럽거나 매력적이지 않고 부족하다는 느낌을 받으며 성장한 사람에게 이러한 상황은 더 힘들기 마련이다. 초기 성장기에 중요한 정서적 욕구가 충족되지 않은 채 형성된 대처방식은 인간의 생물학적 구성과 뇌의 생존 시스템에 깊이 뿌리내리게 되고, 이는 위협을 감지하면 자동으로 작동된다. 연인에게 버림받는 특정 상황에서는 외로움, 수치심, 불충분함, 버림받음, 거절, 불신 등 어린 시절에 견디기 힘들었던 감정이 촉발될 수 있다. 생애 초기에는 어느 정도 도움이 되었던 대처방식들이 이제는 역설적으로 자기 파괴적이며 더 큰 절망에 빠지게 할 수 있다. 미셸 스킨 박사의 이 훌륭한 책에서 볼 수 있듯이 말이다.

나는 나르시시스트를 치료하는 과정에서 그들의 파트너(상처받은 상대)를 자주 만나게 된다. 이들은 자신을 열등하고 사랑받지 못하는 존재로 느낄 뿐만 아니라, (때로는 매력적이지만) 고압적이고 자신을 평가절하하는 가해자에게 버림받을지도 모른다는 위협을 계속해서 느낀다. 여기서는 여성의 경우를 예로 들어보자. 만약 그녀가 어린 시절 돌봄을 받지 못하거나 학대받았다면, 성인이 된 후 버림받음이 예견되는 상황에서 과도한 두려움과 슬픔을 겪게 된다. 그녀는 눈물로 얼룩진 얼굴과 산산조각이 난 마음으로 자신의 감정과 신념을 다음과 같이 표현한다. "정말 끔찍해요. 그가 떠난다면 내가 모든 면에서 부족하다며 비판하던 엄마가 옳았다는 것이 증명되겠죠.", "제가 그에게 이런 대우를 받는 건 당연할지도 몰라요. 어릴 때 제가 내성적이라고, 공부를 잘한다고, 안경을 썼다는 이유로 형제들(또는 친구들)이 얼마나 놀리고 괴롭혔는지… 어쩌면 이게 제 인생의 진짜 이야기일지 모르죠."

소중한 친구이자 동료인 미셸 스킨 박사가 이 훌륭한 책을 썼다는 사실에 매우 기쁘다. 미셸은 열정적이고 뛰어난 심리도식치료 전문가이자 교육자다. 이 책에서 그녀는 명료하고 우아한 문체와 따라 하기 쉬운 연습 활동을 통해 '버림받음'이라는 고통과 상실을 겪은 이들에게 통찰을 제공한다.

스킨 박사는 관계 문제에 대해 수년간 임상에서 쌓아온 전문성을 바탕으로 심리도식치료(증거 기반 치료)를 활용해 치유를 위한 사려 깊고 명확한 지침을 제시한다. 이 지침을 통해 독자들은 자동적이고 파괴적인 생활 패턴을 변화시키는 효과적인 전략을 배우게 된다.

또한 자신의 생활 패턴을 인식하는 데 필요한 마음챙김 의식화 기술과 함께 내면의 취약한 부분과 연민 어린 유대를 형성하는 경험적 기법을 설명한다. 스킨 박사는 마음을 편안하게 하고 생각, 감정, 행동의 편향을 조정하는 인지 및 행동 전략을 깊이 탐구한다. 이 책에 실린 사례 및 일화는 독자들에게 큰 공감을 불러일으킬 것이며, 수치심, 불신, 불충분함, 그리고 무엇보다도 버림받음과 관련된 내면의 메시지를 다룰 때 흔히 겪는 어려움을 잘 보여줄 것이다.

버림받을 것이라는 두려움을 겪고 있거나 이별 후 이를 극복하기 위해 고군분투하는 사람, 그리고 내면의 건강한 목소리를 잃어버렸거나 아직 찾지 못한 모든 이에게 『사랑을 시작할 때 우리가 망설이는 이유』를 자신 있게 추천한다.

웬디 베하리 Wendy T. Behary

국제 스키마 치료 학회 ISST 회장

『자아도취적 이기주의자 대응심리학』의 저자

버림받을까 하는 두려움에 고통을 겪고 있는가? 당신은 이 두려움을 또렷하게 인식하고 있을 수도 있고, 아니면 그 두려움이 관계와 삶에 미치는 영향으로 인해 불편을 느끼고 있을지도 모르겠다. 버림받는 두려움이 지속적이고 사랑이 가득한 관계를 만들어가는 데 장애가 되는 방식을 몇 가지 살펴보자.

거부당하지 않기 위해서 완벽해져야 할 것 같은가? 홀로 남지 않으려고 비난과 그 밖의 감정적 학대를 참아내는가? 자신이 부족한 사람 같아서 진정한 모습을 숨기는가? 문자, 이메일, 메시지에 상대가 즉시 응답하지 않으면 불안해지는가? 누군가가 멀어지는 느낌이 들 때 집착하거나 요구가 많아지는가? 아니면 버림받기 전에 당신이 먼저 떠나는가? 버림받는 것에 대한 깊은 두려움을 피하려고 일에 몰두하거나 음식, 술 등을 통해 감정을 무디게 만드는가? 이유와는 상관없이 누군가의 부재는 당신을 혼란에 빠뜨리는가? 혼자 있는 것보다는 낫다는 이유로 해로운 관계를 이어가고 있는가? 아니면 언젠가는 버림받을 것 같아 두려워서 관계 맺는 것 자체를 피하고 있는가?

　이런 생각과 두려움은 수치심, 슬픔, 외로움, 갈망, 분노, 불안 등 강렬하고 고통스러운 감정을 일으킨다. 이러한 감정은 견디기가 어려운데, 없애거나 줄이려다 보면 결국 예전에 효과를 본 방식으로 행동하게 된다. 하지만 그간 살면서 맺어 온 관계를 돌이켜보면 이러한 행동이 더는 효과가 없음을 깨닫게 된다. 지금 원하는 관계를 맺지 못하고 있으니 말이다. 건강하고 지속 가능하며 사랑이 가득한 관계를 맺고 싶은 바람이 도달할 수 없는 목표처럼 느껴지거나 시간과 에너지가 너무 많이 들 거라 생각될 수 있다. 이해한다. 특히 상처받거나 실망할까 봐 항상 두려워하는 마음이 든다면, 동기와 결단력을 높이느니 차라리 기대와 희망을 낮추는 편이 쉽다고 느끼는 것이 오히려 정상이다. 이미 평생토록 많은 감정적 고통을 겪었는데 또다시 고통받을지도 모를 위험을 감수할 가치가 있냐고 묻고 싶어질지도 모른다. 슬프고, 외롭고, 오해받고, 사랑받을 수 없고, 안전하지 않으며,

더 많은 것을 갈망하게 만드는(그러면서도 내가 더 나은 대접을 받을 자격이 있다고는 믿어지지 않는) 관계에서 느끼는 고통이 어떤 것인지 우리는 모두 잘 알고 있다. 그러나 사랑, 이해, 존중이 가득하고, 자신의 가치를 느끼게 하며, 결점을 포함한 있는 모습 그대로 인정해 주는 건강한 관계가 어떤 것인지는 잘 알지 못하는 사람이 많다.

만약 자신과 타인, 관계에 대한 두려움과 신념을 새로운 시각으로 바라보게 된다면 어떨까? 과거에서 벗어나 오래 지속되고 애정이 넘치는 관계를 만들 수 있게 된다면 말이다. 고통스러운 감정과 부정적인 생각을 다루는 새로운 방식을 배울 수 있다면 어떨까? 그토록 바라는(그러면서도 절대 가능하지 않을 것 같아 두려운) 건강한 관계에 한 발 더 가까워지는 행동을 선택할 수 있다면 어떨까?

이 책에 대하여

이 책은 당신에게 잘못이 없음을 스스로 이해하고 받아들이도록 돕기 위해 쓰였다. 당신의 두려움, 그리고 자신·타인·세상에 대한 신념은 모두 아동·청소년기에 겪은 경험의 산물이다. 이두려움과 신념은 모두 당신 이야기의 일부이며, 여기에는 고통스러운 경험과 그 경험들이 당신에게 보낸 메시지도 포함된다. 과거의 고통스러운 경험에 집중하게 되면 불안하고 두려워질 수 있다. 그림자 속에 숨어 있든 햇빛 아래에 드러나 있든, 과거는 항상 우리와 함께하지만 이를 올바른 관점에서 바라봐야 한다. 당신이 자신의 경험, 이야기, 그리고 이에 동반되는 생각, 감정, 반응행동과 새로운 관계를 맺도록 돕는 것이 이 책의 목표 중 하나다. 의식적이든 무의식적이든, 당신이 자신의 이야기와 맺는 관계는 다른 사람과의 연결을 방해하기 때문이다.

이 책의 궁극적인 목표는 두려움에 지배당하지 않고 관계 안에서 온전히 존재하도록 돕는 것이다. 이 여정이 어떻게 당신을 거기까지 인도할지 설명해 볼까 한다.

1장에서는 버림받는 두려움을 자세히 살펴볼 것이다. 아마 자신에게 이러한 두려움이 있다는 것을 이미 알고 있겠지만, 이 장에서는 고착되어 있고 생물학적으로 발생하는 두려움의 모든 측면을 의식 수준으로 끌어올릴 것이다. 또한 버림받는 두려움과 밀접하게 연관된 네 가지 깊은 신념(핵심신념)인 '불신과 학대', '정서적 박탈', '결함', '실패'를 소개하고 설명할 것이다. 이 핵심신념은 이 장과 책 전반에 걸쳐 예화를 통해 생생하게 다뤄진다.

2장에서는 다섯 가지 핵심신념과 관련된 일반적인 신념을 확인하고, 이를 더 자세히 살펴보기 위해 다섯 가지 짧은 검사를 진행할 것이다. 3장에서는 당신에게 고통을 더하는 일반적인 함정(마음, 행동, 관계)을 설명하고 살펴볼 것이다. 첫 세 장은 핵심 신념을 자극하는 상황에 대한 자신의 신념과 반응행동을 비롯해 당신이 자신의 이야기를 인식하는 데 집중한다.

4장에서 8장까지는 이러한 이야기로부터 거리를 두는 데 필요한 기술을 소개하고 연습할 것이다. 여기에는 마음챙김, 변화시킬 수 없는 것들을 내려놓기, 삶을 풍요롭게 하는 가치를 찾고 전념하기, 생각과 감정과 행동을 깊이 이해하기, 새로운 시각과 상호작용 방식을 개발하기 등이 포함된다. 9장에서는 건강하고 지속적인 관계를 형성하고 유지하는 데 필수적인 의사소통 기술을 소개할 것이다. 그리고 마지막 장은 데이트의 어려움을 헤쳐 나가는 데 유용한 방법과 잠재적 파트너에게서 주의해야 할 경고 신호를 다뤄보았다.

이 여정은 당신이 자비와 사랑과 도전을 느끼도록 구성되었다. 나는 당신의 고통을 이해한다. 이 책에 쓴 이야기에 내 경험들도 녹여냈다. 나 역시 이 여정을 거쳐왔기에 이 책을 읽는 동안 당신이 반복해서 겪게 될 불편한 감정과 힘든 연습이 그만한 가치가 있으리라고 확신한다. 그 결실은 바로 건강하고 지속되고 사랑이 가득한 관계다. 우리는 모두 고통을 겪는다. 불행히도 이것은 인간 삶의 일부라고 할 수 있다. 나는 당신이 피할 수 없는 고통을 관리하려 애쓰느라 오히려 알게 모르게 겪는 고통을 없애주고 싶다. 이 과정에는 인식과 변화가 포함된다. 이 여정을 통해 자기 자신을 더 사랑하게 되고, 당신을 과거 속에 가두고 현재를 통제해왔던 '수치심의 외투'를 벗어 던지게 되기를 바란다.

이 여정에는 노력이 필요하다. 건강하지 못한 생각, 행동, 감정을 살펴봐야 할 때가 오면 특히 힘들 것이다. 이 책에 실린 연습 활동은 당신이 바라는 건강한 관계에 더 가까워지도록 돕기 위해 만들어졌다. 연습을 완료하고 진행 상황을 추적하려면 다이어리나 노트를 사용해 일지를 써야 한다. 글쓰기는 집중력을 유지하는 데 도움이 되며, 정보를 한곳에 모아두면 자신의 행동 패턴을 파악하고, 가치와 경험을 되돌아보고, 진행 상황을 차트로 기록할 수 있다. 때로는 진전이 없거나 힘든 시기를 겪게 될 수도 있다. 이럴 때 예전에 여정을 기록해 둔 것이 유용한데, 작성한 내용을 되돌아보고 자신의 발전을 축하할 수 있기 때문이다.

내가 평소 차고 다니는 팔찌에는 이런 문구가 적혀 있다. "어떤 길을 가느냐가 아니라, 그 여정에서 어떤 사람이 되느냐가 중요하다."

자, 이제 함께 여정을 시작해 볼까?

차례

1장

날 떠나지 마

버림받는 두려움을 이해하기

과거를 바꿀 수는 없지만,

과거를 이해하면 새로운 여정을 시작할 수 있다.

♥ ♥ ♥

어린 시절의 경험은 이야기를 만들고, 그 이야기는 인생 전반에 걸쳐 계속 영향을 미친다. 당신이 이 책을 읽고 있는 이유는 아마도 당신의 인생 이야기 속 어딘가에 버림받은 경험이 자리하고 있기 때문이리라. 당신에게 중요한 사람(엄마, 아빠, 양부모, 양육자, 형제자매, 친구)이 자주 또는 오랫동안 멀리 떨어져 있었거나, 함께 있더라도 일관성이 없고 예측할 수 없었거나, 조건부로 사랑했거나, 감정적으로 단절되어 있었거나, 당신을 혼자 내버려 뒀거나, 멀리 이사 갔거나, 세상을 떠났을 수도 있다. 당신이 위탁가정에서 자랐거나, 부모가 알코올이나 마약에 중독되었거나, 정신질환을 앓았거나, 예측 불가였거나, 아이를 키울 준비가 되지 않은 집에서 자랐을 수도 있다. 어쩌면 부모가 이혼했거나 과잉보호를 받았을 수도 있다. 어린 시절의 환경과 경험이 이 중 하나(또는 그 이상)에 해당한다면 단절감과 고독감, 즉 버림받은 느낌을 받았을 수 있다.

영유아기와 아동기에는 우리의 생존이 누군가와의 '연결'에 달려 있다. 우리는 안전, 안정감, 보호를 제공해 준 양육자에게 의존했다. 이 연결을 잃을까 봐 두려움을 느끼는 것은 인간의 건강한 생존 반응이다.

당신의 이야기에 버림받는 두려움이 포함되어 있다면, 당신은 두려움과 그에 따른 생각과 감정에 갇힌 듯한 느낌을 받을 가능성이 크다. 또한 버림받는 두려움이 일으키는 부정적인 생각과 감정을 다룰 때마다 자동으로 반복해서 나오는 반응행동에 갇혔다고 느낄 수도 있다.

당신은 어린 시절에 경험했던 것과 비슷한 관계 역동과 환경에 끌릴 수 있다. 거부, 비판, 비일관, 학대, 예측 불가, 거리 두기, 무관심, 혼란, 양가성 등을 보이는 사람에게 끌려서 힘들게 되는가? 스트레스 상황에 직면하면 집착, 순응, 분노, 조종, 비난, 지나친 요구, 비판, 통제 등을 하게 되는가? 아니면 거리 두기, 고립, 성내기, 무감각(예: 약물, 알코올, 음식), 관심 돌리기(예: 쇼핑, 성관계, 위험 감수, 도박), 해리를 보이는가? 그 어느 쪽이든, 당신이 지닌 핵심신념은 해로운 감정, 생각, 행동 속에 당신을 가두고 행복하고 건강하고 사랑 가득한 관계를 방해한다.

만약 어떤 여정을 통해 이야기에서 벗어날 수 있는 수단을 얻고, 이야기의 힘과 통제력을 무력화시키고, 버림받는 두려움(그리고 기타 핵심신념)을 이해하고, 핵심신념을 촉발하는 상황과 관계에 대한 인식을 높일 수 있다면 어떨 것 같은가? 그래서 아무런 판단과 통제 없이 부정적인 생각을 관찰하는 법을 배우고, 충동적으로 행동하지 않은 채 부정적 감정을 경험하는 능력을 갖출 수 있다면? 당신이 중요시하는 가치를 발견해서 유익한 행동의 동기로 삼고, 새로운 의사소통 소통과 기술을 익히고, 자신과 타인에 대한 관점을 바꿀 수 있다면 또 어떨까? 당신이 건강하고 지속적이며 애정이 넘치는 관계를 맺을 수 있다면?

이제 자기 인식, 자기 이해, 자기 발견, 자기 사랑의 여정으로 당신을 초대한다. 부드러운 격려, 그리고 당신이 받아 마땅한 자비와 자신에 대한 이해도 약속한다.

버림받는 두려움은 어떻게 형성되는가?

버림받는 두려움은 당신이 통제할 수 없는 외부 요인에 의해 만들어졌다. 버림받는 두려움(그리고 추가적인 핵심신념)에 관한 이야기는 출생요인(기질)과 환경요인의 결과물이다. 모두 어린아이가 통제할 수 없던 조건들이다. 이제 당신은 이러한 요인들이 형성한 신념에 통제되고 있음을 느낄 것이다. 누군가가 떠나거나 홀로 남게 될 위협을 느끼면 부정적인 감정을 겪을 가능성이 크다. 이 부정적 감정에는 곁에 없는 사람에 대한 분노, 소중히 여기는 사람이 떠나는 슬픔, 자신이 의존적이라고 느낄 때의 수치심, 불확실성 앞에서의 불안, 누군가와 연결되면 결국 버림받을 것이라는 두려움 등이 포함된다. 왜 이런 감정을 느끼는지 궁금할 것이다. 우리의 감정은 크게 **선천적 특성과 후천적 환경**에 영향을 받는다. 버림받는 두려움이 형성된 발달 배경을 이해하려면 **애착유형**(후천적 환경, 즉 주 양육자를 비롯한 환경과의 관계)과 **기질**(선천적 특성, 즉 태어날 때부터 지닌 특성)이라는 맥락에서 양육 환경과 선천적 특성을 모두 고려해야 한다.

애착유형

어린 시절 주 양육자와의 관계에서 형성된 애착유형은 성인기 관계에서 보이는 애착유형을 예측하는 중요한 지표가 된다. 성장기에 경험한 주 양육자와의 관계를 파악하면, 현재의 관계

에서 겪고 있는 어려움을 이해하는 데 도움이 된다. 세 가지 애
착유형°을 살펴보자.

안정애착

안정애착 유형인 아이는 다음과 같은 모습을 보인다.

▸ 고통스러운 상황에서 양육자에게 위안을 구한다. 양육자가
  자신을 위로하고 기분을 낫게 해줄 것이라고 믿기 때문이다.
▸ 자신 곁에 항상 양육자가 있을 것이라는 확신이 있다.
▸ 양육자가 자신 곁을 떠나면 불안해한다.
▸ 시간이 지나 양육자가 돌아오면 기뻐한다.
▸ 아이가 양육자의 포옹을 받아들이고 위안을 얻는다.

양육자가 아이 곁을 떠날 때, 아이가 불안해하는 것은 정상
적인 반응이다. 하지만 아이의 삶에서 양육자는 신체적·정서적
으로 일관된 존재이기 때문에 아이는 자신이 안전하고, 양육자
와 연결되어 있으며, 보호받는다고 느낀다. 안정애착의 아이는

◌   이 책에서는 메리 에인스워스Mary Ainsworth가 1970년대에 소개한 초기 이론에 따라
    안정, 회피, 양가의 세 가지 애착유형이 소개되었으나, 그녀는 이후 아동이 부모를 두
    려워하면서 동시에 의존하는 유형인 혼돈 애착도 추가한 바 있다.

Love Me
Don't Leave Me

주로 자신의 감정에 신경을 쓰고 일관되게 반응하는 양육자에게서 돌봄을 받는다.

회피애착

반면, 거부적이고 때로는 가혹하기까지 한 주 양육자에게서 자란 아이에게는 회피애착이 형성된다. 그 결과, 다음과 같은 특징을 보인다.

- ▶ 양육자를 안전기지로 의지하지 않는다.
- ▶ 양육자에게 공격적으로 대할 때가 있다.
- ▶ 안정애착 아이보다 가정환경에서 양육자에게 더 매달리고 요구가 많아진다.
- ▶ 양육자가 자신 곁을 떠나면 고통을 느끼지만, 양육자가 돌아와도 관심을 보이지 않는다.

이런 상황에서 아이는 연결, 안전, 보호를 위해 양육자를 일관되게 신뢰할 수 없다. 아이는 양육자에게 화를 내거나 집착하거나 무관심할 수 있다.

양가애착

양가애착이 형성된 아이는 양육자가 일관성이 없고 혼란스러운 환경을 제공하는 경우에 해당된다. 그 결과는 다음과 같다.

▸ 불안이 뚜렷한 아이가 된다.
▸ 가정에서 집착하고 요구가 많은 아이가 된다.
▸ 양육자가 떠나면 화를 내고, 양육자가 돌아오면 간절히 달려들지만 좀처럼 안정이 되지 않는 아이가 된다.

이 아이는 양육자와 떨어져 있을 때 매우 불안해하며 자주 불안한 감정에 압도된다.

긍정적인 돌봄을 일관되게 받은 아이는 타인에 대한 신뢰와 더불어 자립심이 안정적으로 발달한다. 양육자와 아이가 안정적인 관계를 유지하면 아이는 타인과의 관계, 스트레스 상황을 다루는 방법, 타인에 대한 기대, 세상에 대한 인식과 접근 방식 등 전반적인 적응 수준이 높아진다.

양육자에 대한 아이의 애착이 나중에 다른 사람들에게 거는 기대와 스트레스 대처방식에 영향을 주는 건 당연한 일이다. 이 부분에 대해서는 앞으로 자세히 다루겠지만, 안정애착이 형성된 아이들은 사고가 유연해서 불안정애착(회피애착과 양가애착)이 형성된 아이들보다 충동과 욕구를 조절하는 능력이 더 뛰어나다. 안정애착을 경험하지 못한 아이들은 평소 안전하다고 느끼지 못하며, 두려움과 부정적인 감정에 압도되어 충동과 욕구를 조절하는 능력이 약화된다. 이 아이들은 생존을 위해 싸우는 상태에 있다. 적어도 그들이 느끼기에는 말이다.

회피애착 아이의 양육자가 거부적이고 가혹하다는 특성을 고려하면, 회피애착이 '버림받는 두려움', '불신과 학대', '정서적 박탈', '결함', '실패'와 같은 핵심신념으로 이어지기 쉽다는 것을 이해할 수 있다. 마찬가지로 양가애착 아이의 양육자가 일관성 없고 혼란스럽다는 특징을 고려하면, 양가애착 아이가 지닌 자신에 대한 뿌리 깊은 신념과 타인에게 거는 기대도 이 책의 다섯 가지 핵심신념으로 이어지기 쉽다.

버림받는 두려움과 이러한 초기 애착은 매우 강한 연관성이 있다. 하지만 안정애착을 형성한 아이도 '버림받는 두려움'이라는 핵심신념이나 이 책에서 다루는 추가적인 핵심신념(불신과 학대, 정서적 박탈, 결함, 실패)을 키워갈 가능성이 있다. 이는 아이의 기질, 위화감(가족의 다른 구성원들과 다르다는 느낌), 또는 아동기와 청소년기에 겪은 '트라우마'로 인해 발생할 수 있다. 여기에는 주 양육자와의 관계가 단절되는 상황(사망, 이혼 등)이나 새로운 주 양육자가 등장하면서 신체적·정서적 안정과 안전이 확보되지 않는 상황 등이 원인일 수 있다.

기본적인 안전은 어떤 연령대에서든 안정애착을 형성하는 핵심 요소이다. 그렇기 때문에 버림받는 두려움이 매우 강력한 것이다. 이 두려움은 '죽느냐 사느냐'의 문제에서 비롯된다. 유아기에 버림받으면 생존할 수 없다. 삶과 생존이 타인에게 달린 것이다. 주 양육자와의 관계에서 불안과 불안정을 느끼는 것은 두려운 일이다. 이러한 두려움은 삶의 모든 것을 압도한다. 생존에 집중하면 다른 것에 집중할 여력이 없고, 스트레스 상황에서 충동과 욕구를 조절할 능력을 발휘할 여유도 없다. 불안정애착이 형성된 아이에게 모든 스트레스 상황은 생명을 위협하는 위기로 다가온다. 신중하게 선택할 시간이 없다. 빠르고 자동적으로 반응해야 한다. 우리는 생물학적으로 투쟁fight, 도피flight, 경직freeze 반응을 통해 죽음을 피하려고 한다. 이 부분은 3장에서 더 자세히 다룰 것이다. 우선 기질 요인의 작용을 살펴보자.

기질

기질은 타인과 주변 세상을 어떻게 경험할지 결정하는 중요한 요인이다. 유전적 특성은 범불안장애, 우울증, 공황, 사회불안의 위험을 증가시킨다. 또한 경계성 인격장애와 관련된 어려움을 겪을 가능성도 높인다. 경계성 인격장애는 생물학적 요인과 환경적 요인이 완벽하게 겹치는 '퍼펙트 스톰perfect storm'°에 의해 발생하곤 한다. 경계성 인격장애를 겪는 사람들은 주변 환경의 감각 자극에 더 민감하게 반응하는 경향이 있다. 환경에 대한 이들의 민감성은 불안정애착을 비롯해 안전하지 않은 환경(예: 아동기 및 청소년기에 버림받음, 혼란스러운 가정생활, 가족 내 의사소통 부족, 성적 학대)과 결합되면 경계성 인격장애를 유발할 수 있다(전체 인구의 20~25명 중 1명은 이 분류에 해당한다). 당신은 일레인 아론Elaine Aron 박사가 초민감자highly sensitive person, HSP라고 부른 부류에 대한 정의와 일치할 수도 있다. 그녀는 전체 인구의 약 15~20퍼센트 정도가 이러한 특성을 지닌다고 말한다. 이 특성을 가진 사람은 주변 환경의 미묘한 변화를 매우 예리하게 감지한다. 이는 장점이 될 수도 있지만 쉽게 압도되어 다른 사람들보다 감정적으로 더 쉽고 강렬하게 반응할 수 있다는 단점도 있다. 당신은 생물학적 소인이나 기질 때문에 감정적으로 취약할 수 있다. 그러나 이러한 진단을 받지 않은 사람도 버림받는 두려움이 촉발되

◌   위력이 세지 않은 태풍이 다른 자연현상과 만났을 때 엄청난 파괴력을 발휘하는 현상으로 '최악의 상황'을 의미한다.

면 불안, 우울, 공황을 경험하면서 어려움을 겪을 가능성이 크다. 이제 핵심신념의 기원과 정의를 살펴보자.

핵심신념 이해하기

유아기, 아동기, 청소년기의 경험은 우리에게 각인되어 **심리도식**(스키마schemas)을 형성한다. 심리도식은 정보를 조직화해서 주변을 이해하는 데 도움을 주는 틀이며, 이 책에서는 이를 '**핵심신념**'이라고 부른다. 우리는 모두 핵심신념을 가지고 있다. 이 신념은 성인이 되어서도 자기 자신, 타인, 세상에 대한 믿음을 형성하는 데 영향을 미친다. 핵심신념은 상황을 짐작하는 데 도움을 주기 때문에 적응 시간을 절약해 준다. 그러나 대부분의 고정관념이 그렇듯, 오작동의 가능성도 항상 존재한다.

오작동의 가능성이 있는 부분은 다음과 같다. 핵심신념은 과거 경험을 바탕으로 현재와 미래의 경험을 예측하면서 우리를 보호한다. 하지만 어린 시절의 경험이 해로웠다면 현재와 미래에 대한 인식도 그에 따라 영향을 받는다. 이 경우, 핵심신념은 기본적으로 우리가 자라면서 받은 대우와 메시지에 기반하여 자신과 타인에 대해 형성된 부정적인 생각이다. 이 부정적인 생각은 고통스럽고, 떠오를 때마다 강력한 정서적 충격을 준다.

핵심신념은 '흑과 백', '긍정과 부정'처럼 본질상 이분법적이며, 우리의 경험을 '좋았다', '나빴다'와 같이 쉽게 분류할 수 있도록 돕는다. 경험이 자주 반복될수록 자동적인 생각, 감정, 행동의 처리 시간은 짧아진다(이 부분은 3장에서 더 자세히 다룬다). 핵심신념은 모든 정보를 갖추지 못한 상태에서도 예측을 가능하게 한다. 이는 어떤 사람이 무엇을 할지, 또는 특정 상황이 어떻게 끝날지 기대하면서 서둘러 결론 내리는 것을 의미한다. 예를 들어, 만약 함께 있는 사람이 지루해하거나 집중하지 않는 것처럼 보인다면, 당신은 그 사람이 곧 자신을 떠날 것이라고 결론짓는다.

제프리 영Jeffrey Young 박사는 초기 부적응 도식early maladaptive schemas, EMS 개념을 개발하면서 도식의 구성을 자세히 설명했다. 이것은 아동기와 청소년기에 핵심 욕구가 충족되지 못하거나 해로운 경험을 하면서 형성되는 18가지 도식의 하위 집합이다. 그는 『심리도식치료』에서 '초기 부적응 도식'에 대해 "타인과의 관계에 관한 기억, 감정, 인지, 신체 감각으로 구성된 광범위하고 지속적인 주제나 패턴으로, 아동·청소년기에 형성되어 일생에 걸쳐 정교해지며, 매우 역기능적"이라고 설명한다.

핵심신념이 우리의 행동에 어떤 영향을 미치는지 이해하는 또 다른 방법은 삶의 경험을 하나의 이야기라고 생각하는 것이다. 이 이야기에는 마음속에서 끊임없이 재생되는 독백이 담겨 있는데, 이 독백은 경험을 해석하고, 타인을 판단하고, 결과를 예측하는 역할을 한다. 이는 위험으로부터 자신을 보호하는 데 유용하다. 하지만 자신에 대한 부정적인 신념으로 인해 독백에 부정적인 자기 대화가 포함되는 순간 문제가 발생한다. 부정적인 신념이 행동에 영향을 주기 때문이다. 이렇게 우리는 핵심신념으로 인해 해로운 행동-반응의 순환에 빠지고 그 상태에 머물게 된다(이 부분은 3장에서 자세히 다룬다).

이 책에서 탐색하는 주요 핵심신념은 '버림받음abandonment'이다. 나는 여기에 네 가지 핵심신념을 추가했으며(이 다섯 가지는 모두 제프리 영의 '초기 부적응 도식'에 포함된다), 이 신념들을 '버림받음' 신념과 협력하는 '공모자'로 본다. 이게 무슨 뜻일까? 이 책에서 공모자란 '버림받음' 핵심신념과 함께 은밀하게 작용하며, 우리의 신념과 두려움을 강화하는 또 다른 핵심신념이다. 우리의 핵심신념은 무의식적이며 인식하지 못할 때 더 위험하다. 버림받는 두려움을 촉발하기도 하고, 반대로 이 두려움이 촉발하기도 하는 네 가지 핵심신념은 '불신과 학대', '정서적 박탈', '결함', '실패'다. 따라서 버림받는 두려움을 없애는 첫 단계는 우리의 핵심신념을 확인하고 이를 의식하는 것이다. 이제 각각의 정의를 살펴보자.

▶ **버림받음**abandonment: 신체적 또는 정서적 상실, 정서적 지지나 연결감의 부족, 불안정하거나 신뢰할 수 없는 환경의 결과로 형성된 핵심신념.

▶ **불신과 학대**mistrust and abuse: 어린 시절에 경험한 언어적·신체적·성적 학대, 배신, 굴욕, 조종 등으로 인해 형성된 핵심신념. 이 신념을 가진 사람은 다른 사람이 자신을 해치고, 학대하고, 굴욕감을 주고, 속이고, 거짓말하고, 조종하고, 이용할 것으로 예상한다.

▶ **정서적 박탈**emotional deprivation: 다른 사람이 자신의 정서적 필요를 충족시키지 못할 것이라는 핵심신념. 정서적 박탈의 세 가지 형태는 다음과 같다.

 - 양육 박탈: 관심, 애정, 따뜻함, 교제의 부재

 - 공감 박탈: 이해, 경청, 자기 개방, 감정 공유의 부재

 - 보호 박탈: 정서적 지지, 방향 제시, 지도의 부재

▶ **결함**defectiveness: 자신이 결함을 지니고 있고 불충분하며, 환영받지 못하는 존재이거나 열등하다는 핵심신념. 자신의 '결함'이 드러나면 사람들이 자신을 사랑하지 않을 거라고 믿는다. 이러한 결함은 눈에 보이지 않을 수도 있고(예: 사랑받을 가치가 없음, 은밀한 성적 욕망), 겉으로 드러날 수도 있다(예: 자의식을 일으키는 신체적 특징과 행동).

▶ **실패**failure: 자신이 모자라거나 무능하여 결국 실패할 것이라는 핵심신념. 다른 사람들과 비교하면서 자신을 실패자로 여긴다. 어떤 성공을 이루더라도 자신이 사기꾼인 것처럼 느껴진다.

2장에서는 핵심신념을 식별하는 검사를 진행할 것이다. 먼저 이 다섯 가지 핵심신념을 살펴보고, 각 신념을 생생하게 보여주는 이야기를 들어 보자.

'버림받음' 핵심신념

'버림받음' 핵심신념은 '사랑하는 사람들이 나를 떠나거나 죽을 거야', '여태껏 나를 위해준 사람은 한 명도 없어', '가깝게 지낸 사람들은 모두 언제 떠날지 알 수 없고, 결국 나는 혼자가 될 거야'와 같은 생각이 들게 한다.

에이바는 '버림받음' 핵심신념을 가지고 있다. 그녀의 이야기를 들어 보자. 에이바는 싱글맘 밑에서 자란 외동딸이다. 어머니는 에이바가 태어나기 전에 친아버지와 헤어졌고, 에이바는 친아버지를 한 번도 만나본 적이 없었다. 가장 어린 시절의 기억은 엄마의 남자친구인 밥 아저씨와 함께 공원에 갔던 일이다. 어느 날 엄마가 밥 아저씨를 다시는 볼 수 없을 거라고 말했을 때 에이바는 자신이 얼마나 많이 울었는지도 기억한다. 그 상실의 고통은 그녀의 마음속 깊이 남았다. 다음으로 그녀가 깊이 애착을 형성한 사람은 로스 아저씨였다. 에이바 모녀가 로스와 함께 살았던 5년은 감정의 롤러코스터를 타는 시간이었다. 로스 아저씨와 함께 있을 때 에이바는 정말 즐거웠지만, 엄마와 로스 아저씨는 돈 문제와 결혼에 대한 로스의 미온적 태도 때문에 자주 싸웠다. 크게 싸우고 나면 로스 아저씨는 며칠씩 사라지곤 했고, 그동안 에이바는 그가 언제 돌아올지, 과연 돌아올지 걱정하며 지냈다. 엄마는 에이바의 아동기와 청소년기 내내 짧게는 몇 달, 길어봤자 5년 정도만 유지되는 예측 불가한 남자들과 관계를 이어갔다.

에이바는 삶에서 반복적으로 아버지와 같은 존재들을 잃게 되면서 '버림받음' 핵심신념이 형성되었다.

'불신과 학대' 핵심신념

'불신과 학대' 핵심신념이 있다면 다음과 같은 생각이나 경험을 했을 수 있다. '나는 항상 가까운 사람에게 상처받아', '내가 스스로 보호하지 않으면 사람들이 나를 이용할 거야', '내가 믿었

던 사람들이 언어적·신체적·성적으로 나를 학대했어.'

코트니에게는 '불신과 학대' 및 '버림받음' 핵심신념이 있다. 그녀의 이야기는 다음과 같다. 코트니는 부모님에게 사랑받는 외동딸이었다. 그녀는 매우 유복한 환경에서 자랐다. 그녀의 성 姓씨는 코네티컷주에서(그리고 그 너머에서도) 권력과 부의 상징이었다. 다른 부자도 많겠지만 그녀의 가문은 사람들에게 존경과 칭송을 받는데, 아무나 누리거나 상상할 수 있는 수준이 아니었다. 누가 봐도 코트니의 어린 시절은 그야말로 완벽 그 자체였다. 공개적으로 보여지는 장면들은 진정 세간의 부러움을 살 만했다. 그녀의 부모가 가족기업과 자선, 사업, 사회적 책임과 같은 것들보다 딸 코트니를 최우선 순위에 두고 있다는 것을 모든 사람이 쉽게 알 수 있었다.

코트니의 부모는 모든 파티의 중심이었다. 하지만 나무가 길게 늘어선 진입로 끝에 있는 대문을 지나 3미터 높이의 마호가니로 조각된 현관문을 닫고 나면, 그들은 더 이상 재미있고 사랑 가득한 사람들이 아니었다. 파티 후에도 계속 술을 마셨고, 부모님의 교양은 사라지곤 했다. 서로 싸우다가 지겨워지면 코트니를 불러 아주 사소한 잘못까지 지적하며 질책하곤 했다. 코트니는 부모님이 사람들 앞에서는 자신을 소중한 보물처럼 대하다가도 문이 닫히면 쓰레기 취급하리라는 것을 예상했다. 하지만 이런 부모의 모습은 매번 그녀에게 충격을 주었고, 그들의 입에서 나오는 말은 마치 칼날처럼 마음을 찔렀다.

부모가 언어적으로 학대하다가 지쳐서 떠나면 홀로 남겨진 코트니를 달래주는 건 항상 유모였다. 코트니는 유모와 있으면 안전하고 사랑받고 있다고 느꼈다. 불행히도, 유모를 향한 코트니의 애착이 너무 커졌다고 느낄 때면 부모는 언제나 예고 없이 유모를 해고했다. 그러곤 코트니에게는 유모가 그녀를 돌보는 것에 싫증이 나서 그만뒀다고 아무렇지 않게 거짓말하곤 했다. 결국 코트니는 열여덟 살이 될 때까지 모두 열다섯 명의 유모를 거치게 되었다.

코트니에게 있는 '불신과 학대' 핵심신념은 부모가 잔인하게 쏟아놓은 비판의 산물이다. 애착이 형성된 양육자인 유모를 반복적으로 상실하면서 '버림받음' 핵심신념도 생겨났다.

'정서적 박탈' 핵심신념

'정서적 박탈' 핵심신념을 가지면 다음과 같은 생각이 들 수 있다. '나는 외로워', '나는 필요한 사랑을 받지 못해', '나를 진심으로 돌봐주고 정서적으로 충족시켜 주는 사람은 내 인생에 없어', '나는 누구와도 정서적으로 연결되어 있지 않아.'

'정서적 박탈'과 '버림받음' 핵심신념이 있는 마들린의 이야기를 살펴보자. 그녀가 유년기를 이야기할 때면, 부모에 대한 애정이 느껴진다. 겉보기에 이 이야기는 아버지의 노력 그리고 어머니의 정식적 강인함과 인내를 통해 노동계급 여섯 식구가 아메리칸드림을 이룬 감동적인 이야기로 들린다. 그녀의 아버지가 승진한 이야기 역시 1950년대의 전형적인 이야기와 비슷하다. 그가 스무 살에 우편실에서 일하기 시작했을 때, 아내는 첫째를 임신한 상태였다. 그 후 10년 동안 모두 네 명의 아이가 생겼고, 그는 중간 관리자 직급까지 올라갔다. 마들린은 부모가 말과 행동으로 가르쳐 준 중요한 교훈을 기억한다. "열심히 일하고, 하나님을 섬기거라." 하지만 그녀가 기억하는 다른 한 가지는 부모님으로부터 사랑한다는 말을 한 번도 듣지 못한 것이다. 어머니에게서 그토록 듣고 싶었던 말을 들을 수 있는 마지막 기회는 있었다. 그녀는 어머니의 임종을 지키며 사랑한다고 말했지만, 안타깝게도 어머니의 입에서는 그 말이 나오지 않았다. 어머니는 그저 희미한 미소를 지으며 눈을 감은 채 숨을 거두었다. 그때 마들린은 열다섯 살이었다.

마들린은 가족 중 처음으로 대학교에 진학해 아버지를 놀라게 할 목표로 고등학교 학업에 전념했다. 여러 대학교에서 합격통지서를 받게 되자 그녀는 자신의 성취에 자부심을 느꼈고 아버지도 기뻐할 거라 기대했다. 하지만 아버지가 "학비는 어떻게 낼 거니?"라고 묻자마자 그녀의 기쁨은 실망으로 바뀌었다.

마들린의 핵심신념인 '정서적 박탈'과 '버림받음'은 어머니를 상실하고, 정서적 필요가 충족되지 못하고, 정서적으로 단절되고 지지받지 못한 결과로 형성된 것이다.

'결함' 핵심신념

'결함' 핵심신념이 있다면 다음과 같은 생각이 들 수 있다. '사람들이 나를 잘 알게 되면 거부할 거야', '나는 사랑받을 자격이 없어', '내 결점이 부끄러워', '진짜 내 모습을 보면 좋아하지 않을 테니 거짓된 모습을 보여야 해.'

알리는 '결함'과 '버림받음' 핵심신념을 가지고 있다. 그녀의 이야기를 살펴보자. 알리는 자신만 빼고 서로 친한 언니와 엄마를 볼 때마다 약간의 질투를 느끼곤 했다. 그녀는 1년 반 터울의 언니 팸과 친해지고 싶었고, 가까워지려고 최선을 다했지만 결국 친해지지 못했다. 두 사람은 너무나 달랐다. 알리는 키가 크고 날씬하며 똑똑하고 유머 감각도 있었지만, 팸은 키가 작고 통통한 체형에, 똑똑하지만 까탈스러운 성격이었다. 어머니는 항상 팸을 더 좋아했다. 팸이 어머니와 비슷한 체형이기 때문이었을까, 아니면 어머니가 자신의 오랜 분노와 연결고리를 느끼게 해주는 팸의 분노에 끌린 탓이었을까? 때때로 어머니와 팸은 빠른 신진대사와 잘 웃는 성격을 가진 알리를 경멸하는 것처럼 보이기까지 했다.

반면, 아버지는 알리를 매우 사랑했다. 두 사람은 모두 외향적이었고 함께 있는 시간은 늘 즐거웠다. 아버지와 있을 때면 한결 편안했다. 하지만 알리가 십대에 접어들면서 통금 시간을 어기고, 속도 위반 딱지를 받고, 술을 마시는 등 독립을 위한 투쟁을 시작하자 그들의 관계는 복잡해졌다. 그녀는 더 이상 아버지의 완벽한 딸이 아니었고, 이에 실망한 아버지는 곧바로 관심과 애정을 거둔 것처럼 보였다. 이 시기에 알리는 오히려 어머니와 언니로부터 긍정적인 관심을 받는 뜻밖의 경험을 했다. 그녀는 늘 자신에게 무언가 문제가 있다고 느꼈다. 자신이 너무 '완벽하면' 어머니와 언니가 멀어졌고, '완벽하지 않으면' 아버지가 멀어졌다. 그녀는 항상 자신에게 결함이 있다고 느꼈고, 가족 중 누군가에게 버림받는 듯한 느낌을 떨칠 수 없었다.

'실패' 핵심신념

'실패' 핵심신념은 다음과 같은 생각이 들게 한다. '내 또래

Love Me
Don't Leave Me

들은 나보다 더 성공적으로 살아가고 있어', '나는 주변 사람들만큼 똑똑하지 않아', '내가 다른 사람보다 부족하다는 사실이 부끄러워', '나는 특별한 재능이 없어.'

'실패'와 '버림받음' 핵심신념이 있는 라일라의 이야기를 살펴보자. 라일라는 뉴욕에서 태어났고, 부모는 십대 후반에 인도에서 온 이민자다. 부모는 모두 뉴욕대 의과대학을 졸업하고 존경받는 의사가 되었다. 라일라는 맨해튼 부유층 지역에서 자라면서 유치원부터 고등학교까지 명망 있고 학구열이 뛰어난 학교에 다녔다. 부모는 라일라가 똑똑하고 성공한 자신들처럼 되기를 기대했다. 라일라는 친구와 선생님에게 인기가 많았고, 학교에 입학하자마자 가장 인기 있는 친구들과 어울려 지냈다. 그렇지만 학업적으로는 항상 어려움을 겪었다. 유치원에서 치른 첫 시험에서 그녀의 성적은 상위 52퍼센트였다. 성적을 확인한 부모님은 걱정되어 시험 결과가 무엇을 의미하는지 논의하기 위해 교장을 찾아갔다. 단순히 운이 나빴거나 시험 방식에 익숙하지 않아서 그럴 것이라는 교장의 답변에 부모는 조금 안도했다. 그리고 라일라에게 학습장애의 징후가 보이지 않았다는 말을 듣고, 학습이나 발달 문제로 검사를 받을 필요는 없다고 안심했다. 부모는 라일라에게 학교에서 더 열심히 공부하라고 다그쳤다. 그리고 자신들이 물려준 유전적 재능으로 열심히 노력하면 상위권에 들 거라고 확신했다.

5학년 말, 여섯 번째 시험 결과가 나왔을 때 라일라와 부모는 이에 대해 아무 말도 하지 않았다. 이미 그녀가 '중간 정도 수준'의 학생이라는 것이 확인되었기 때문이다. 라일라의 친한 친구들은 모두 성적이 급상승하고 있었고, 그녀는 무리에서 가장 더딘 발전을 보였기에 상황은 더욱 안 좋았다. 라일라는 친구들 사이에서 여전히 인기가 많았고, 졸업할 때까지 학교에서 가장 인기 있는 무리와 어울렸다. 졸업식에서 상을 받지는 못했지만, 여느 친구들처럼 강단에 올라가 졸업장을 받았다. 하지만 라일라의 부모는 끝내 졸업식에 나타나지 않았다.

라일라의 '실패' 핵심신념은 학급 친구들에 비해 자신이 부족하다고 느끼면서 형성되었다. '버림받음' 핵심신념이 형성된 것은 부모의 사랑과 인정이 조건적이었기 때문이다.

어쩌면 당신은 지금까지 한 이야기와 아무런 관련이 없을지 모른다. 하지만 가장 가까운 사람들에게서 간절히 원하는 것을 얻지 못해서 생긴 이들의 감정에 공감할 수 있기를 바란다.

나의 핵심신념은 무엇인가

자신을 더 잘 이해하고, 왜 관계의 특정 측면이 유독 자신에게는 어렵고 고통스러운지 이해하려면 핵심신념을 인식하는 것이 중요하다. 아동기와 청소년기의 경험을 통해 핵심신념을 밝혀내는 과정은 감정적으로 고통스러울 수 있다. 이는 분노, 수치심, 외로움, 슬픔, 불안, 죄책감 등의 감정을 일으킬 수 있기 때문이다. 기억은 강렬한 반응을 일으킨다. 이 여정의 목표는 자신이나 타인을 비난하는 것이 아니라, 자신의 이야기를 찾고 이해해서 이로부터 벗어나 새로운 의사소통과 행동 방식을 개발하는 것이다. 우리는 누구나 자신의 이야기에 갇힌 적이 있다.

과거를 바꿀 수는 없지만, 과거를 이해하면 새로운 여정을 시작할 수 있다. 그럼, 시작해 보자.

2장

내게 어떤 믿음이 있는가?

나의 핵심신념 알아보기

자신의 이야기를 이해하고 그것이 지금

어떤 영향을 미치고 있는지 아는 것은 정말 중요하다.

우리에게는 현재를 바꾸고 앞으로의 관계 패턴을

바꿀 힘이 있기 때문이다.

♥ ♥ ♥

아동기와 청소년기의 경험에서 비롯된 기억, 즉 생각, 감정, 감각 등으로 가득 차 있는 우리의 이야기는 바뀌지 않는다. 과거를 바꾸려고 애써봤자 무력감과 우울감만 느낄 뿐이다. 하지만 자신의 이야기를 이해하고 그것이 지금 어떤 영향을 미치고 있는지 아는 것은 정말 중요하다. 왜냐하면 우리에게는 현재를 바꾸고 앞으로의 관계 패턴을 바꿀 힘이 있기 때문이다.

자신의 핵심신념을 파악하면 특정 상황과 관계로 인해 어린 시절의 고통스러운 경험이 떠오를 때, 자신에게 일어나는 일을 이해하는 데 필요한 정보를 얻을 수 있다. 또한 핵심신념이 어떻게 촉발사건에 따른 반응을 이끄는지 이해하는 토대가 된다(이 주제는 3장에서 자세히 다룬다).

앞으로 진행될 자가검사와 연습 활동을 할 때, 검사 결과는 당신의 정서 상태에 따라 달라질 수 있음을 염두에 두어야 한다. 어린 시절이 너무 아득하거나 분리된 듯한 느낌이 드는 경우, 점수가 핵심신념을 정확히 반영하지 않을 수 있다. 어린 시절의 경험에 접근할 수 있는 마음 상태에 있는 것이 이상적이다. 시간대와 마음 상태에 따라 점수 차가 크게 나는 것은 흔히 있는 일이다. 정답이나 오답은 없다. 최선을 다하면 된다. 각 핵심신념을 파악하는 자가검사마다 말미에 추가적인 고려사항을 제시할 것이다(이 평가지를 출력한 후 일지와 함께 보관하고 나중에 다시 참고하기를 권한다).

'버림받음' 핵심신념 자가검사

앞서 논의했듯이, '버림받음' 핵심신념은 우리가 의지한 사람들이 불안정하거나 신뢰할 수 없다는 인식에서 비롯된다. 내 인생에서 중요한 사람이 정서적으로 불안정하고, 예측 불가하며, 신뢰하기 어렵거나, 불규칙하게 자리를 비우고, 사망하거나, 다른 사람에게 가려고 나를 떠날 것이기 때문에 나에게 정서적 지원, 연결, 보호를 제공할 수 없다는 믿음이다.

다음 문항들을 아래의 점수를 사용하여 검사해 보자.

1 = 전혀 그렇지 않다.   2 = 거의 그렇지 않다.

3 = 약간 그렇다.   4 = 보통 그렇다.

5 = 거의 그렇다.   6 = 매우 그렇다.

1 사랑하는 사람들이 죽거나 떠날까 봐 매우 걱정한다. _____

2 사람들이 떠날까 봐 두려워서 그들에게 집착한다. _____

3 안정적인 지지 기반이 없다. _____

4 나와 헌신적인 관계를 맺을 수 없는 사람과 사랑 _____
에 빠지곤 한다.

5 항상 사람들이 내게로 왔다가 결국에는 떠난다. _____

6 사랑하는 사람이 나에게서 멀어지려고 하면 절망 _____
에 빠진다.

7 연인이 나를 떠날 거라는 생각에 사로잡혀서 오히 _____
려 내가 그를 밀어낸다.

8 나와 가장 가까운 사람들은 예측하기 어렵다. 옆 _____
에 있다가도 사라지곤 한다.

9 나는 다른 사람들에게 너무 의존한다. _____

10 결국 나는 홀로 남겨질 것이다. _____

총점 _____점

Love Me
Don't Leave Me

각 문항의 점수를 합하여 총점을 계산하자.

10~19점: 매우 낮음. 이 핵심신념은 거의 영향을 미치지 않는다.

20~29점: 다소 낮음. 이 핵심신념은 가끔 영향을 미칠 수 있다.

30~39점: 중간. 이 핵심신념은 삶에서 문제가 되고 있다.

40~49점: 높음. 이 핵심신념은 확실히 중요한 문제이다.

50~60점: 매우 높음. 이 핵심신념은 매우 강력한 영향을 미친다.

참고: 총점이 낮더라도 5점이나 6점 문항이 하나라도 있다면, 이 핵심신념은 삶에서 문제가 된다.

오드리 "저는 이 핵심신념 점수가 꽤 낮게 나왔지만, 제 삶에서 강력한 감정으로 작용하고 제 관계에도 영향을 주는 것 같아요. 가족이 곁에 있지만, 저는 우선순위가 아니기 때문에 제가 전화했을 때 가족들이 회신하는 데 며칠 또는 몇 주씩 걸리기도 해요. 그럴 땐 분명히 버림받은 느낌을 받아요. 그 감정이 다른 관계에서도 항상 마음 한구석에 있어요."

여기서 당신은 이미 알고 있던 사실을 재확인했을 것이다. '버림받음' 핵심신념이 당신에게 있다는 것 말이다. 1장에서 설명했듯이, 핵심신념은 공모자처럼 작동한다. '버림받음' 외에 다른 핵심신념이 촉발될 때도 '버림받음' 핵심신념이 함께 촉발되는 것이다.

'불신과 학대' 핵심신념 자가검사

'불신과 학대' 핵심신념은 네 가지 흔한 공모자 중 하나다. 가까운 사람을 신뢰하지 못하고, 안전하다고 느끼지 못하고, 신체적·언어적·정서적·성적 학대 속에서 성장했다면, '불신과 학대' 핵심신념이 있을 것이다.

다음 문항들을 아래의 점수를 사용하여 검사해 보자.

1 = 전혀 그렇지 않다. 2 = 거의 그렇지 않다.
3 = 약간 그렇다. 4 = 보통 그렇다.
5 = 거의 그렇다. 6 = 매우 그렇다.

1 다른 사람이 나를 해치거나 이용할 것 같다. ＿＿＿＿

2 가까운 사람이 나를 학대한 적이 있다. ＿＿＿＿

3 사랑하는 사람에게 배신당하는 것은
   시간문제일 뿐이다. ＿＿＿＿

4 나 자신을 보호하고 항상 경계해야 한다. ＿＿＿＿

5 조심하지 않으면 사람들이 나를 이용할 것이다. ＿＿＿＿

6 정말 내 편인지 알아보기 위해 시험한다.   _____

7 상처받기 전에 내가 먼저 상처 주려 한다.   _____

8 상처받을 것이 예상되어 다른 사람이 다가오는 것   _____
이 두렵다.

9 사람들이 나에게 한 일에 분노를 느낀다.   _____

10 믿었던 사람에게 신체적·언어적·성적으로 학대받   _____
은 적이 있다.

총점 _____점

각 문항의 점수를 합하여 총점을 계산하자.

10~19점: 매우 낮음. 이 핵심신념은 거의 영향을 미치지 않는다.

20~29점: 다소 낮음. 이 핵심신념은 가끔 영향을 미칠 수 있다.

30~39점: 중간. 이 핵심신념은 삶에서 문제가 되고 있다.

40~49점: 높음. 이 핵심신념은 확실히 중요한 문제이다.

50~60점: 매우 높음. 이 핵심신념은 매우 강력한 영향을 미친다.

참고: 총점이 낮더라도 5점이나 6점 문항이 하나라도 있다면, 이
핵심신념은 삶에서 문제가 된다.

점수가 낮더라도 이 핵심신념이 당신과 관련이 있다고 느낀다
면, 이 신념이 중요하다고 느끼게 한 어린 시절 상황들을 추가로
고려해야 한다.

- ▶ 내가 마땅히 알아야 할 정보를 부모님이 숨기는 것처럼 느꼈다.
- ▶ 가족 사이에도 서로 말 못 하는 비밀이 있었다.
- ▶ 가족 내 의사소통이 개방적이지 않았다.
- ▶ 눈에 보이지 않는 불신의 분위기가 있었다.
- ▶ 매우 취약한 시기에 비난받거나 조롱당했다.
- ▶ 친구들로부터 괴롭힘, 조롱, 굴욕을 당했다.

멜리사 "제 응답에 '거의 그렇다', '매우 그렇다'는 없었지만, 과거에 만난 첫 남자친구에게 남자가 불편해서 데이트하고 싶지 않다고 말한 게 기억나요. 남자를 못 믿었고 상처받고 싶지도 않았거든요."

그러므로 우리의 느낌이 기준이 되어야 한다. 자가검사는 훌륭한 도구이고 검증되었기 때문에 신뢰할 수 있지만, 그래도 직감을 믿어 보자. 우리가 인식하지 못한 경험이 있을 수 있기 때문이다.

'정서적 박탈' 핵심신념 자가검사

'정서적 박탈'은 '버림받음' 핵심신념과 함께 작용하는 또 다른 공모자다. 정서적 지지, 관심, 애정, 지도, 이해 등이 부족한 환경에서 자랐다면 '정서적 박탈'은 당신의 핵심신념 중 하나일 것이다. 다음 문항들을 아래의 점수를 사용하여 검사해 보자.

1 = 전혀 그렇지 않다.   2 = 거의 그렇지 않다.

3 = 약간 그렇다.   4 = 보통 그렇다.

5 = 거의 그렇다.   6 = 매우 그렇다.

1   나는 더 많은 사랑이 필요하다.   _____

2   아무도 나를 진정으로 이해하지 못한다.   _____

3   내 필요를 충족시킬 수 없는 냉정한 파트너에게 자주 끌린다.   _____

4   매우 가까운 사람과도 단절된 느낌이 든다.   _____

5   진정으로 자신을 보여주고 깊이 신경 써준 특별한 사람이 없었다.   _____

6   내게 따뜻함, 포옹, 애정을 줄 사람이 없다.   _____

7   나의 진정한 필요와 감정을 경청하고 이해해 주는 사람이 없다.   _____

8   마음으로는 안내와 보호를 받고 싶지만 받아들이기는 어렵다.   _____

9 사람들에게 사랑받는 것이 어렵다.   _____

10 나는 외로울 때가 매우 많다.   _____

총점 _____점

각 문항의 점수를 합하여 총점을 계산하자.

10~19점: 매우 낮음. 이 핵심신념은 거의 영향을 미치지 않는다.

20~29점: 다소 낮음. 이 핵심신념은 가끔 영향을 미칠 수 있다.

30~39점: 중간. 이 핵심신념은 삶에서 문제가 되고 있다.

40~49점: 높음. 이 핵심신념은 확실히 중요한 문제이다.

50~60점: 매우 높음. 이 핵심신념은 매우 강력한 영향을 미친다.

참고: 총점이 낮더라도 5점이나 6점 문항이 하나라도 있다면, 이 핵심신념은 삶에서 문제가 된다.

이 핵심신념이 삶에 미치는 영향력이 크다고 느끼지만, 예상보다 점수가 낮았다면 다음과 같은 어린 시절의 경험이 당신이 느끼는 감정의 원인일 수 있다.

▸ 다른 형제보다 부모에게 덜 사랑받는다고 느꼈다.

▸ 부모님끼리 너무 끈끈해서 소외된 느낌을 받았다.

▸ 다른 가족원들과 달라서("내가 입양된 게 아닐까 항상 의심했다.")

이해받고 사랑받지 못한다고 느꼈다.

▸ 또래 친구들과 다르다고 느껴서 아동기와 청소년기에 친구와
  의 연결감이 부족했다.

▸ 자신의 필요와 감정보다 다른 사람의 필요와 감정을 더 중요
  하게 여겼다.

▸ 자신의 감정과 경험이 존중과 인정을 받지 못한다고 느꼈다.

베로니카 "어릴 적에 부모님이 많이 사랑해 주셨지만, 지금
은 제가 필요한 만큼의 사랑을 받지 못하고 있다고 느껴요. 제
감정을 이해하고 공감해 주는 사람이 없어요."

'결함' 핵심신념 자가검사

'결함' 핵심신념은 종종 '버림받음' 핵심신념과 함께 나타난다.
자신이 불충분하고, 가치 없고, 결함을 지니고 있으며, 진짜 모습
으로는 사랑받지 못하고 거부당할 것이라고 느낀다면, '결함' 핵
심신념을 가지고 있을 가능성이 크다.
다음 문항들을 아래의 점수를 사용하여 검사해 보자.

1 = 전혀 그렇지 않다.　　　2 = 거의 그렇지 않다.

3 = 약간 그렇다.　　　4 = 보통 그렇다.

5 = 거의 그렇다.　　　6 = 매우 그렇다.

1 진정으로 나를 알게 되면 아무도 나를 사랑할 수 　_____
없을 것이다.

2 나는 본질적으로 결함이 있고, 사랑받을 자격이 　_____
없다.

3 가장 가까운 사람들에게도 말하고 싶지 않은 비밀 　_____
이 있다.

4 부모님이 나를 사랑하지 않은 것은 내 잘못이다. 　_____

5 진짜 내 모습을 숨긴다. 내 진짜 모습은 수용될 수 　_____
없다. 내 모습은 가짜다.

6 나를 비판하고 거부하는 사람들(부모, 친구, 연인)에 　_____
게 자주 끌린다.

7 나를 사랑해 주는 사람에게 특히 비판적이고 거부 　_____
적이다.

8 내 장점을 평가절하한다. 　_____

9 스스로에 대한 큰 수치심을 안고 산다. 　_____

10 내 결함이 드러나는 것이 극도로 두렵다. 　_____

총점 ____점

Love Me
Don't Leave Me

각 문항의 점수를 합하여 총점을 계산하자.

10~19점: 매우 낮음. 이 핵심신념은 거의 영향을 미치지 않는다.

20~29점: 다소 낮음. 이 핵심신념은 가끔 영향을 미칠 수 있다.

30~39점: 중간. 이 핵심신념은 삶에서 문제가 되고 있다.

40~49점: 높음. 이 핵심신념은 확실히 중요한 문제이다.

50~60점: 매우 높음. 이 핵심신념은 매우 강력한 영향을 미친다.

참고: 총점이 낮더라도 5점이나 6점 문항이 하나라도 있다면, 이 핵심신념은 삶에서 문제가 된다.

이 핵심신념은 많은 사람에게 큰 영향을 미치며, 내적 또는 외적 결함이 있다고 느끼게끔 한다. 낮은 점수를 받았더라도 자신에게 결함이 있다고 느낄 수 있다. 다음은 당신이 공감할 수도 있는 몇 가지 부가적인 상황이다.

▸ 신체적 특징 때문에 수치를 느끼거나 조롱의 대상이 되곤 했다. 또는 자의식이 들게 하고, 다른 사람들이 알아챌까 봐 두려운 무언가가 있었다.

▸ 가족이나 친구로부터 대우받은 방식 때문에 나에게 무언가 잘못된 점이 있다고 느꼈다.

▸ 성 정체성이나 성적 지향에 대해 고민했다.

▸ 친자녀가 있는 가정에 입양되었거나, 양부모와 인종이 달라 열등감을 느꼈다.

▸ 내게 무언가 문제가 있어서 친어머니가 입양 보냈을 거라는 생각을 떨칠 수 없었다.

▸ 내가 주류와 다른 관심사를 가져서 다른 사람들과 다르다고 느꼈다.

▸ 어린 시절에 질병이나 장애로 고통받았고, 이로 인해 나는 뭔가 잘못된 사람이라고 느꼈다.

이 외에도 여러 가지 경험으로 인해 '결함' 핵심신념이 있다고 느낄 수 있다. 따라서 검사 결과와 다르더라도 자신의 직감을 믿어야 한다.

에밀리 "저는 자존감을 높이기 위해 노력해 왔어요. 그래서 이 검사에서 낮은 점수를 받은 것 같아요. 이성적으로는 제가 결함이 있는 사람이 아니라는 걸 알지만, 감정적으로 취약한 상태에서는 결함이 있다고 느끼게 돼요. 그래서 이 신념이 제 핵심신념이라고 생각해요.

'실패' 핵심신념 자가검사

'실패' 핵심신념은 '버림받음' 핵심신념과 공모자가 될 수 있다. 자신이 실패했다고 느끼거나, 실패가 불 보듯 뻔하다고 생각되거나, 자신이 또래만큼 똑똑하지 않고 재능이 부족하며, 성공하지 못했다고 생각한다면, '실패' 핵심신념을 가지고 있을 것이다. 다음 문항들을 아래의 점수를 사용하여 검사해 보자.

1 = 전혀 그렇지 않다.	2 = 거의 그렇지 않다.
3 = 약간 그렇다.	4 = 보통 그렇다.
5 = 거의 그렇다.	6 = 매우 그렇다.

1 성취 면에서 나는 다른 사람들만큼 유능하지 못한 것 같다. ＿＿＿＿

2 나는 성취하는 데 실패한 것 같다. ＿＿＿＿

3 내 또래 대부분은 나보다 직업적으로 더 성공했다. ＿＿＿＿

4 나는 학창 시절에 성적이 좋지 않았다. ＿＿＿＿

5 나는 같이 어울리는 사람들만큼 지적이지 못하다. ＿＿＿＿

6 나는 직장에서의 실패로 인해 굴욕감을 느낀다. ＿＿＿＿

7 내 성취가 다른 사람들과 비교되어 사람들과 함께 있으면 부끄럽다. ＿＿＿＿

8 사람들은 나를 실제보다 더 유능하게 보는 것 같다. ＿＿＿＿

9 내게는 중요하거나 특별한 재능이 없는 것 같다.   _____

10 나는 잠재력을 발휘하지 못한 채 일하는 것 같다.   _____

총점 _____ 점

각 문항의 점수를 합하여 총점을 계산하자.

10~19점: 매우 낮음. 이 핵심신념은 거의 영향을 미치지 않는다.

20~29점: 다소 낮음. 이 핵심신념은 가끔 영향을 미칠 수 있다.

30~39점: 중간. 이 핵심신념은 삶에서 문제가 되고 있다.

40~49점: 높음. 이 핵심신념은 확실히 중요한 문제이다.

50~60점: 매우 높음. 이 핵심신념은 매우 강력한 영향을 미친다.

참고: 총점이 낮더라도 5점이나 6점 문항이 하나라도 있다면, 이 핵심신념은 삶에서 문제가 된다.

점수는 낮게 나왔지만 스스로 실패자라고 느낀다면, 다음과 같은 경험이 이 핵심신념에 기여했을 가능성이 있다.

▸ 성공적이고 부유하며 능력이 뛰어나고 저명한 부모님과 비교해서 실패자라고 느꼈다.

▸ 부모님이 내게 지나치게 비현실적인 기대를 걸었다(예: 유치원에 다닐 때부터 커서 하버드대학교에 가라고 했다).

Love Me
Don't Leave Me

▸ 다른 형제자매가 더 매력적이고 재능 있으며 성공했다.

이런 경험은 사실일 수도 있고, 그저 인식일 수도 있다. 어느 쪽이든 그렇게 믿었다는 것과 그 믿음이 핵심신념에 기여했다는 사실이 중요하다.

엘렌 "다른 사람이 볼 때 저는 성공한 사람이고 장래가 유망하지만, 부모님의 기대가 너무 높고 성공의 기준이 너무 엄격해서 그분들 눈에 저는 실패자예요. 그래서 이성적으로는 제가 잘 해냈다는 것도 알고 제 직업에도 만족하지만, 내면 깊은 곳에서 저는 실패자일 뿐입니다."

축하한다! 이제 자가검사가 끝났다. 감정적으로 지쳤다면 잠시 쉬어가도 좋다. 결과를 자세히 살펴볼 준비가 되었다면, 계속해서 읽어 보자.

자가검사 결과 살펴보기

이제 자가검사를 마쳤으니, 몇 분 동안 점수를 검토해 보자. 이를 위해 일지를 준비해야 한다. (참고로, 일지는 제본된 다이어리나 노트, 또는 디지털 일지를 사용할 수 있다.)

3~6점을 받은 문항들을 살펴보고, 그것들을 기록하되 각 문항 사이에 메모 공간을 남겨둔다.

그 후에 다음 질문을 해보자.

▸ 이 문항들과 관련된 특정 경험이나 사건이 떠오르는가?

▸ 당시 어떤 감정을 느꼈는가?

▸ 지금은 어떤 감정을 느끼는가?

▸ 공감된 문항이 있다면, 그것이 당신의 삶에서 어떤 패턴을 인식하게 했는가? 행동 패턴인가, 아니면 관계 패턴인가?

▸ 놀라운 결과가 있는가?

답변을 일지에 기록해 보자.

이제 우리의 삶에 중요한 핵심신념을 알게 되었다. 다음 장에서는 핵심신념이 어떻게 촉발되는지 살펴볼 것이다. 또한 자신 및 타인에 대한 신념과 맞물려 작용하는 '마음과 관계의 함정'에 대해서도 배울 것이다. 우리가 두려움(혼자가 되거나 버림받는 두려움, 상처받거나 배신당하는 두려움, 원하는 사랑을 받지 못하는 두려움, 실패의 두려움, 결함이 드러나는 두려움)을 경험할 때 자신을 보호하기 위해 본능적으로 어떻게 반응하는지 알아보려고 한다. 이러한 두려움은 고통스러운 감정을 일으키고 그에 따른 반응행동은 관계를 해친다. 왜 그런 반응을 보이는지 이해하면, 반응의 반복(도움이 되지 않는 행동 패턴)을 멈추고 변화를 시작할 수 있다.

핵심신념을 극복하는 것은 어렵지만 불가능하지 않다. 핵심신념은 자신, 타인, 환경에 대해 마음속 깊이 확신하는 진리로, 무조건적으로 작동한다. 어릴 때부터 내면에 뿌리 깊이 자리 잡아 변화에 저항한다. 핵심신념이 촉발되면 그에 따른 행동이 다시 이 신념을 옳다고 확인해 주기 때문에 자기 영속적이다.[○] 그러면 이 이야기는 강화된다. 이 순환은 끝이 없어 보인다. 하지

○　예를 들어, 사랑받을 자격이 없다는 '결함' 핵심신념을 가진 사람을 가정해 보자. 이 신념이 촉발되면, 그 사람은 자신을 방어하기 위해 사람들과 거리를 두거나 관계에서 소극적으로 행동할 수 있다. 그러면 그 행동으로 인해 실제로 사람들과의 관계가 원만하지 못하게 되고, '역시 나는 사랑받지 못해'라는 신념이 다시 확인되는 것처럼 느끼게 된다.

만 좋은 소식은, 우리가 상황에 대한 반응 방식을 중단할 수 있고 더 나은 관계를 형성할 수 있다는 것이다. 행동은 내가 이 책에서 중요하게 다루는 문제 중 하나로, 변화가 일어나는 중요한 영역이다. 행동을 통해 과거의 이야기를 반복하는 대신, 과거를 떠나보낼 수 있다.

핵심신념은 예측하는 기능도 한다. 우리는 과거 경험을 바탕으로 형성된 신념을 통해 관계의 미래를 예측한다. 즉 핵심신념 역시 변화가 일어나는 영역이다. 핵심신념은 스트레스를 주는 사회적 상황과 상호작용으로 촉발되며, 매우 감정적이다. 촉발될 때 두려움, 수치심, 불안, 절망, 우울, 상실, 슬픔 등의 강렬한 감정을 유발한다. 이 책에서는 이러한 피할 수 없는 고통스러운 감정을 이해하고 관리하는 데 유용한 도구를 소개하려고 한다.

자, 이제 마음과 관계의 함정에 대해 알아보자.

3장

나를 방해하는 것은 무엇일까?

마음과 관계의 함정

핵심신념이 촉발되면 우리의 이야기는

마치 스노우볼이 흔들리는 것처럼 생생하게 되살아난다.

♥ ♥ ♥

이제 우리의 핵심신념을 확인했으니, 마음과 관계에 핵심신념이 어떻게 작용하는지 살펴보자. 이미 어느 정도는 알고 있었겠지만, 자가검사를 통해 당신의 핵심신념을 더 분명히 인식하게 되었을 것이다. 이제 우리 각자의 이야기가 특정 유형의 사람과 상황, 그리고 대인관계 스트레스에 대한 반응에 어떻게 영향을 미치는지 살펴보자. 또한 심리적 특성이 여기에 기여하는 방식도 살펴볼 것이다. 우선, 스노우볼이 당신의 이야기를 이해하는 데 어떻게 도움이 될 수 있는지 생각해 보자.

　나는 스노우볼을 정말 좋아한다. 그 안에 특정 시기나 경험을 떠올리게 하는 랜드마크, 도시 풍경, 장면들이 담겨 있어 소

Love Me
Don't Leave Me

출처: www.michelleskeen.com

중한 추억을 상기시켜 준다. 내 딸 켈리에게는 트랜스아메리카 피라미드, 금문교, 코이트 타워, 롬바드 거리, 케이블카 등 샌프란시스코의 유명한 랜드마크가 담긴 스노우볼이 있다. 켈리가 스노우볼을 집어 들고 흔들면 눈이 내리고 그 안의 장면이 살아나는 마법 같은 일이 일어난다. 샌프란시스코의 경험이 떠오르는 순간이다. 이제 당신의 이야기가 담긴 스노우볼을 상상해 보자. 아동기와 청소년기의 나쁜 경험들이 시간 속에 얼어붙어 있다. 핵심신념이 촉발되면, 마치 스노우볼을 흔드는 것과 같은 현상이 일어난다. 갑자기 당신의 이야기, 즉 과거의 장면이 활성화되고 되살아난다. 그러면 그 경험으로 인한 고통스러운 기억과 부정적인 감정, 생각, 불편한 감각들이 다시 떠오른다. 어린 시절은 과거의 일이지만, 현재 상황이 그 이야기를 촉발하여 마치 그 때로 되돌아간 듯한 느낌을 준다. 그러면 당신의 자기 방어기제가 본능적으로 작동하면서, 고통스러운 생각과 감정을 없애려는 반응행동에 돌입하게 된다. 하지만 그 행동으로 인해 오히려 더 힘들어진다.

마음의 함정

우리의 마음은 항상 잠재적인 위험이나 생존과 안전을 위협하는 요소를 찾아내고 거기에 집중한다. 이러한 능력 덕분에 인류가 지금까지 생존할 수 있었다는 점에서 긍정적일 수 있다. 그러나 우리의 마음은 위협을 느끼는 상황에서 과잉 반응을 일으킬 수도 있다. 이제 마음이 어떻게 우리를 함정에 빠뜨리는지 자세히 살펴보자.

투쟁, 도피, 경직 반응

당신의 이야기가 활성화되면 뇌는 고도의 경계 상태에 들어

Love Me
Don't Leave Me

간다. 이는 마치 생명이 위협받는 것과 같다. 실제로 생명의 위협은 뇌의 편도체를 장악한다. 편도체는 뇌의 내측두엽에 있는 아몬드 모양의 구조물로, 인간의 감정에 중요한 역할을 한다. 연구에 따르면 편도체는 우리의 공포 반응과 연관된다. "편도체가 감정의 안내자 역할을 한다는 것은 오래전부터 알려져 있었다. 그러나 최근 연구들은 편도체가 더 광범위한 역할을 할 수 있음을 시사한다. 연구 결과에 따르면, 편도체는 우리의 사회생활, 즉 다른 사람들에게 반응하고 상호작용하는 방식에 영향을 미치는 것으로 보인다."

편도체는 우리의 투쟁, 도피, 경직 반응을 조절한다. 위협을 느끼면 편도체는 비합리적으로 반응할 수 있다. 우리가 위협으로 인식하는 자극은 눈이나 귀를 통해 시상으로 전달된 다음, 신피질에 도달하기 전에 곧장 편도체로 전달된다. 이 생존 메커니즘은 이성적인 뇌가 이 자극을 처리할 시간을 주지 않고 곧바로 반응하게 만든다. 결론은 우리가 미친 게 아니라는 것이다! 우리의 반응은 편도체가 제 역할을 한 결과다. 뇌의 감정적인 면이 이성적인 면을 장악하는 현상을 **편도체 하이재킹**amygdala hijacking 이라고 한다. 이는 대니얼 골먼Daniel Goleman이 그의 책 『EQ 감성지능』에서 처음 사용한 용어로, 두려움과 같은 강렬한 감정을 경험하면 이성적인 사고가 압도되어 우리에게 도움이 되기보단 해로운 행동으로 이어질 수 있다.

그렇다면 이것이 핵심신념과 어떤 관련이 있을까? 특정 상황이나 상호작용에서 상대의 표정, 말, 행동이 우리의 핵심신념을 자극하면, 기억이 활성화되고 그로 인해 강렬한 부정적 감정이 분출되어 투쟁, 도피, 경직 반응을 유발한다. 우리 내부의 이 본능적인 시스템은 실제로 관계에 문제를 일으킨다. 감정적인 상처를 입으면, 우리는 마치 생명에 위협이 닥친 것처럼 행동한다. 물론 이러한 감정적 상처는 기분을 나쁘게 만들지만, 그렇다고 해서 우리를 죽이지는 않는다.

반응행동

이제 투쟁, 도피, 경직 반응을 현대의 '대처행동' 맥락에서 살펴보자. 이러한 반응은 원시시대에는 **적응적이고**(좋고) 유익했지만, 현대에는 **부적응적이고**(나쁘고) 무익하다. 심리도식 schema은 대부분 유익하다는 점을 기억하자. 하지만 이 책의 1~2장에서는 어린 시절에 겪은 정서적 상처로 형성된 부적응 도식을 살펴보았다. 성인기의 부정적인 핵심신념은 우리가 세상을 바라보는 렌즈를 왜곡하고, 과거의 사건을 바탕으로 현재와 미래의 사건을 예측하는 기능을 한다. 따라서 부적응 도식은 도움이 되지 않는 반응행동만 낳는다. 이러한 행동은 정서적 고통을 일시적으로 완화하지만, 장기적으로는 관계를 훼손하고 결국 더 큰 정서적 고통을 초래한다는 것이 문제다(정서적 고통에 대한 자세한 설명은 5장과 7장에서 다룬다). 도움이 되지 않는 패턴이나 순환 속에 갇혔을 때, 변화가 가능한 부분을 확인하기 위해서는 모든 것을 인식으로 끌고 오는 것이 중요하다.

이제 제프리 영Jeffrey E. Young이 제시한 10가지 일반적인 대처행동을 살펴보자. 대처행동은 투쟁, 도피, 경직 반응에 따라 나뉘며, 나는 이를 **반응행동**behavioral reactions이라고 부른다.

핵심신념 촉발사건에 따른 '**투쟁**' 반응행동은 다음과 같다.

1. 공격성 또는 적대감: 비난, 비판, 도전, 저항 등의 반응
2. 지배 또는 과도한 자기주장: 자신의 목표를 달성하기 위해 다른 사람을 통제하려는 반응
3. 인정 욕구 또는 지위 추구: 높은 성취와 지위를 통해 다른 사람에게 깊은 인상을 주고 주목받으려는 반응
4. 조종 및 착취: 의도를 숨긴 채 자신의 필요를 충족하려는 행동으로, 유혹을 사용하거나 완전히 진실하지 못한 태도도 여기에 포함됨
5. 수동공격 또는 반항: 겉으로는 순응하는 것처럼 보이지만, 실

제로는 미루기, 불평하기, 지각하기, 삐지기, 성과 낮추기 등
의 행동으로 나타나는 반항

'**경직**' 반응행동은 다음과 같다.

6. 순응 또는 의존: 의지하고, 양보하며, 의존적이고, 수동적으
   로 행동하고, 갈등을 회피하며, 다른 사람을 기쁘게 하려는
   행동으로 반응

'**도피**' 반응행동은 다음과 같다.

7. 사회적 위축 또는 과도한 자율성: 사회적으로 고립되고, 관계
   를 끊고, 다른 사람과 거리를 두는 행동으로 반응함. 지나치
   게 독립적이고 자립적인 모습을 보이거나 독서, TV 시청, 컴
   퓨터 사용, 혼자 일하기 등의 고립된 활동에 몰두할 수 있음
8. 강박적 자극 추구: 강박적 쇼핑, 성행위, 도박, 위험 감수, 신
   체 활동 등을 통해 흥분이나 주의를 다른 곳으로 돌리려는
   행동
9. 중독적 자기위로: 약물, 알코올, 음식, 과도한 자극을 통해 위
   안을 찾는 행동

10. 심리적 거리 두기: 해리, 부정, 환상 등 심리적 거리 두기를
    통한 도피

여기에 '강요 force' 반응행동을 추가해 보자.

'강요' 반응행동은 집착, 쫓아다님과 같이 '버림받음' 핵심신념을 가진 사람이 자주 보이는 행동이다. 우리는 종종 버림받지 않기 위한 목적으로 행동할 때가 있다. 떠날 것 같은 사람에게 집착하거나 그 사람을 쫓아다니는 행동도 여기에 포함될 수 있다.

나의 반응행동 알아보기

이제 일반적인 대처행동 또는 반응행동에 대해 알게 되었으니, 당신에게 중요한 반응을 알아볼 시간이다. 일지에 다음 질문에 대한 답을 기록해 보자.

▸ 핵심신념을 촉발하는 사건에 대한 나의 반응행동은 이 중에서 무엇인가?

엠마에게는 '버림받음'과 '정서적 박탈'의 핵심신념이 있다. 그녀의 반응행동은 '도피', 특히 '과도한 자율성'과 '중독적 자기 위로'였다. 그녀의 이야기를 살펴보자. 엠마의 '버림받는 두려움' 은 부모의 이혼에서 비롯됐다. 엠마는 마치 온 가족이 폭탄을 맞은 것 같은 느낌을 받았다. 그녀와 어머니, 두 남동생은 예전에 살던 집 크기의 4분의 1밖에 되지 않는, 방 두 개짜리 작은 아파트에서 살게 되었다. 포춘 500대 기업의 최고재무책임자CFO였던 아버지는 자신이 거짓된 삶을 살아왔다는 깨달음을 얻고 일을 그만두었다. 그 거짓이란 자신이 19년 동안 결혼 생활을 했고 세 명의 자녀를 두었다는 것이었다. 그의 진실은 자신이 남자에게 끌린다는 것이었지만, 이 사실을 평생 부인하며 살았다. 엠마는 결국 아버지의 성적 지향을 받아들였지만, 아버지의 고백으로 그녀의 세상이 뒤집히는 것을 감당하기가 매우 힘들었다.

이토록 극적인 인생의 변화는 발생한 시기조차 좋지 않다. 엠마의 고등학교 마지막 학년이 이제 막 시작된 무렵이었기 때문이다. 엠마는 대학 입시에 필요한 모든 것을 세세하게 계획해 두었지만, 이제 작은 집으로 이사도 해야 했고, 재정 지원과 장학금 신청이라는 예상치 못한 일에 많은 시간을 소모해야 했다. 아버지가 실직하면서 부모는 재산을 분할하고 남은 돈으로 생활하게 되었다. 부모는 각자 새로운 삶을 살아가느라 엠마에게 정서적으로 신경 쓸 여유가 없었다. 아빠가 커밍아웃한 독신 남자로서 새로운 삶을 시작하는 동안 엄마는 분노로 가득 차 밤마다 술독에 빠졌다.

부모의 지지와 지도를 받지 못한 채 비좁은 아파트에서 마지막 학년을 보내면서, 엠마의 머릿속에는 빨리 대학에 가고 싶다는 생각만 가득했다. 시간이라도 있었다면 실컷 울었겠지만, 이 악몽을 뒤로하고 대학에 가서 새 출발을 하려면 정신없이 바쁘게 지내야만 했다.

마침내 엠마는 부모가 사는 곳에서 비행기로 네 시간이 걸리고, 두 시간의 시차가 나는 지역에 있는 대학에 진학했다. 이제 모든 문제와 자기중심적이기만 한 부모를 뒤로하고 새로운 삶을 시작할 수 있을 것만 같았다. 그녀는 곧 인간관계에서 일정한 패턴을 보였다. '묻지도, 말하지도 말자'라는 태도로 파티를 찾아다니며 즐겼다. 자기 가족에 대해 이야기하고 싶지 않았기 때문에 다른 사람의 가족에 관해서도 묻지 않았다. 모든 관계를 피상적으로 유지했다. 파티에 가면 일반적인 수준을 넘어서는 양의 술을 마셔댔다. 엠마는 부모에게 버림받은 고통을 피하려고 애썼다. 음주가 잦아지면서 이름조차 기억하지 못할 정도로 많은 남자와 관계를 맺었다.

엠마는 부모의 이혼으로 느꼈던 정서적 고통을 다시는 겪지 않으려고 자신을 보호하고 있다고 생각했다. 그녀는 '친밀해지지 않으면 사람들이 나를 떠나도 상처받지 않을 거야'라고 혼잣말했다. 하지만 여전히 고통스러웠고, 자신답지 않은 행동을 하면서 더 큰 고통을 만들어내고 있었다.

이렇듯 강렬한 부정적 감정에 대한 반응행동은 이해할 수 있지만, 도움이 되기보다는 해로우며 자신과 타인에게 상처를 준다. 촉발된 정서적 고통으로부터 도망치려 할 때 우리는 이런 반응행동의 함정에 빠지곤 한다. 이제 우리의 마음이 현재의 경험을 어떻게 왜곡해서 인식하는지 살펴보자.

인지왜곡이라는 필터

핵심신념은 생각을 왜곡한다. 왜곡된 생각은 다시 핵심신념을 강화하고 지속시키며, 방어적 반응과 부정적 상호작용을 일으킨다. 어떤 말이나 특정 유형의 사람(이 장의 '핵심신념을 촉발하는 사람들의 유형' 참조), 혹은 옛 기억을 떠올리게 하는 상황이 핵심신념을 촉발하면, 인지왜곡이란 필터를 거치면서 우리의 이야기와 딱 맞아떨어지게 된다. 이 인지왜곡은 특정 대화, 사람, 상황을 과거에 경험한 것과 똑같이 느끼게 만든다. 그리고 그 경험이 진실인 것처럼 여기게 되며, 핵심신념을 반박하는 모든 정보는 축소되고 부인된다. 이 왜곡을 알아차리지 못하면 부정적이고 자기 파괴적인 행동 패턴에 빠지게 된다. 이 패턴은 얼핏 보기에는 우리를 보호하는 것 같지만, 결국 일이 잘 풀리지 않을 것이라는 생각을 계속해서 부추긴다.

확증편향confirmatory bias이란 우리가 자신의 핵심신념과 경험적 이야기를 뒷받침하는 것만을 인식하는 경향을 일컫는다. 핵심신념이 촉발되면, 마음은 지름길을 택하고 늘 흘러가던 방식으로 현재 상황이 진행될 것이라고 결론짓는다. 그러면 마음은 고통스러운 기억으로 가득 차며, 핵심신념을 반박할 어떤 긍정적인 정보도 받아들일 여지가 없게 된다. 우리는 자신과 타인에 대한 신념을 뒷받침하는 부정적인 경험을 유난히 잘 기억하고, 그것을 계속 찾게끔 프로그램되어 있다.

촉발성 상호작용에 대한 또 다른 반응으로 '**오래된 테이프**old tape'˚라는 것이 있다. 이는 마치 자기 부모에게 반응하듯 상대방에게 반응하는 것을 말한다. 해리 설리반Harry Stack Sullivan은 이것을 '**병렬 왜곡**parataxic distortion'이라고도 불렀다. 활성화된 감

˚ 마치 오래된 카세트테이프로 음악을 재생하듯 과거의 경험에서 비롯된 자동적인 사고 패턴이나 감정반응이 새로운 상황에서도 반복적으로 떠오르는 것을 의미한다.

정이 강렬할수록 그 순간 함께 있는 사람이 아닌 과거의 부모(또는 과거에 상처를 준 사람)에게 반응할 가능성이 더 커진다.

기억에 반응하고 있다는 신호

다음은 우리가 핵심신념과 이야기를 만들어낸 고통스러운 기억에 반응하고 있음을 보여주는 다섯 가지 신호다.

1. 누군가와 상호작용하는 중에 즉시 부정적 감정이 강렬하게 몰려온다. 자신을 보호해야 할 것 같아진다.
2. 오래되고 익숙한 감정이 올라온다. 중요한 것은 이 감정이 얼마나 익숙하게 느껴지는가이다.
3. 반복되는 감정(수치심, 분노, 슬픔, 실망 등)이 올라온다.
4. 상대방의 생각을 읽으려 한다. 그 사람에 대해 추측하거나 상

Love Me
Don't Leave Me

황과 결과를 예측하게 된다.

5. 아무런 근거가 없을 때도 학대나 거절에 대한 두려움을 느낀다.

이야기와 그에 따른 핵심신념이 활성화되면, 건강한 관계를 형성하려는 노력을 방해하거나 망칠 수 있다. 자동적 사고, 그에 따른 부정적 감정과 충동적인 행동은 건강하고 지속되는 연인 관계를 형성하는 데 방해가 된다. 이 책의 후반부에서는 이를 개선하는 데 도움이 되는 새로운 기술과 도구를 배울 것이다. 이제 핵심신념이 어떻게 관계의 함정을 만들고 유지하는지 더 자세히 살펴보자.

관계의 함정

핵심신념은 관계에 어려움을 더한다. 그리고 관계의 복잡성을 더하는 또 다른 요인이 있다. 바로 아동기와 청소년기에 형성된 해로운 관계 패턴인데, 우리의 이야기에 이러한 패턴이 포함되어 있을 수 있다. 주변에 건강하고 성공적인 관계의 본보기가 없었거나, 관계 맺는 방식에 대한 유익한 피드백을 경험하지 못했을 수도 있다. 당신이 알고 있고 정상이라고 여기는 것이 의미 있는 관계를 발전시키려는 노력을 방해할 수도 있다. 당신의 경험적 이야기 속 주제들은 관계를 방해한다. 앞서 배웠듯이, 두려움에 기반한 반응은 자연스러운 것이며, 이는 과거의 고통스러운 기억과 그에 따른 감정, 생각, 감각을 촉발하는 상호작용과 상황으로 인해 나타난다.

또한 자신도 모르게 익숙한 유형의 사람에게 계속 끌릴 수도 있다. 이러한 관계가 건강하지 않거나 해롭다는 것을 이성적으로 알고 있더라도, 성인이 되면 아동기와 청소년기에 경험한 것과 비슷한 관계 역동에 끌리게 된다. 우리의 이야기는 무의식적이고, 강력하며, 정서적인 끌림이 있다. 용케 이러한 유형의 사람들과의 관계를 피하더라도, 살다 보면 언젠가는 그들과 상호작용할 수밖에 없을 것이다. 그들은 어디에나 있기 때문이다. 이제 당신의 핵심신념과 그에 따른 부정적 정서를 촉발하는 사람의 유형을 살펴보자.

핵심신념을 촉발하는 사람들의 유형

우리의 핵심신념을 촉발하는 상황, 대화, 사람은 늘 있게 마련이다. 가끔 그러는 사람도 있고 항상 그러는 사람도 있다. 관계에서 이러한 구분은 매우 중요하다. 핵심신념을 계속해서 자

Love Me
Don't Leave Me

극하는 해로운 부류와 그렇지 않은 무해한 부류로 사람들을 나누는 데 도움이 되기 때문이다. 이제 자신, 타인, 세상에 대한 뿌리 깊은 부정적 신념을 자주 끄집어내는 사람의 유형을 알아보자. 각 유형의 공통적 특성을 몇 가지 나열했지만, 이 목록이 전부는 아니다. 이런 사람들과의 경험에서 발견한 또 다른 특성을 자유롭게 추가해 보자.

유기자 abandoner

이 유형의 사람은 '버림받음' 핵심신념을 자극할 것이다. 그들은 다음과 같은 특징이 있다.

▸ 예측 불가: 항상 곁에 있지 않으며, 어떤 날은 나를 정말 좋아하는 것 같다가도 어떤 날은 관심이 없는 것처럼 보인다.

▸ 불안정: 상대를 안심시키는 고정된 루틴이나 생활 방식이 없다. 자주 이사하거나, 직장을 자주 바꾸거나, 한곳에 정착하지 못하는 것처럼 보인다. 언제든지 쉽게 정리하고 떠날 수 있을 것처럼 느껴진다.

▸ 부재: 필요할 때 곁에 없다. 함께 있을 때는 즐겁고 연결된 느낌이 들지만, 갑자기 사라지거나 너무 바빠서 만날 수 없다.

학대자 abuser

이 유형은 '불신과 학대' 핵심신념을 자극한다. 특징은 다음과 같다.

- 신뢰하기 어려움: 원하는 바를 얻기 위해 거짓말하고 사람을 조종한다.
- 위험: 나의 정서적 취약점을 악용하고, 신체적으로 해를 입히며, 성적으로 학대한다.

박탈자 depriver

이 유형의 사람을 만나면 '정서적 박탈' 핵심신념이 촉발된다. 그들은 다음과 같다.

- 거리 두기: 나와 친밀해지려고 하지 않는다(그래서 나는 사랑받지 못하고, 무가치하고, 외롭다는 느낌을 받게 된다).
- 억제: 당신이 원하는 정서적·신체적·성적 연결을 거부한다.

파괴자 devastator

이 유형은 '결함' 핵심신념을 자극한다. 그들의 특징은 다음과 같다.

- 판단적: 나의 결점을 찾아내어 폭로한다.
- 거부적: 내가 자신에게 충분하지 않은 것처럼 대한다.

▸ 비판적: 나를 비판하고 무시한다.

비판자 critic

이 유형의 사람은 나의 '실패' 핵심신념을 자극한다. 특징은 다음과 같다.

▸ 비판적: 모든 면에서 나를 '부족한' 사람으로 느끼게 만든다.

▸ 심한 자랑과 자기중심적인 태도: 나를 자신이나 타인과 비교하면서 부정적으로 평가한다.

우리도 때때로 또는 특정 상황에서 이러한 행동들을 보일 수 있지만, 이 유형의 사람들은 이러한 행동이 아예 기본적으로 작동하기 때문에 해롭다. 물론 지지적이고 배려심 많은 친구나 사랑하는 사람도(혹은 자신조차도!) 힘든 상황에서는 이러한 특징을 보일 수 있다. 차이점은 건강한 관계에서는 그런 부정적 행동이 드물고 금방 그치지만, 해로운 사람들과의 관계에서는 이러한 자극적 행동이 계속 이어진다는 것이다.

지금까지 다섯 가지 핵심신념과 관련된 사람들의 유형과 특성을 알아봤다. 이제 우리의 핵심신념을 자극하는 사람과 상황을 알아볼 차례다. 다음 질문에 대한 답을 일지에 기록해 보자.

▸ 나의 삶에는 어떤 유형의 해로운 사람들이 있는가?
▸ 나의 핵심신념을 자극하는 사람들에게 흔히 보이는 특성은 무엇인가?
▸ 목록에 없는 또 다른 행동이 있는가? 그것은 무엇인가?

행동적 촉발요인

이제 당신의 핵심신념을 자극할 수 있는 또 다른 사람들의 일반적인 행동을 살펴보자. 이는 대부분의 사람들이 가끔씩 하는 행동이다. 앞서 언급한 해로운 유형의 사람들은 이러한 특성을 매우 자주 보일 것이다. 그러나 지금은 자신의 이야기와 이에 따른 어려움을 겪으면서 관계를 발전시키는 데 애를 먹고 있는 무해한 사람들의 행동을 식별해 보자.

'버림받음' 핵심신념은 생존 본능에 깊이 뿌리박혀 있어서 쉽게 촉발된다. 행동적 촉발요인은 다음과 같을 수 있다.

▸ 행동의 변화(예: 평소에는 매일 연락하다가 하루 동안 연락이 없을 때)

▸ 그에게 확신을 느끼지 못할 때

▸ 그가 우리의 관계에 위협을 느끼게 하는 사람을 만날 때

▸ 거부로 해석될 수 있는 모든 행동(예: 평소보다 짧은 전화 통화, 무미건조하거나 지루해하거나 비꼬거나 화난 말투, 대화 중 산만한 모습, 계획을 취소하거나 변경할 때)

▸ (이유 불문하고) 떨어져 있는 시간

▸ 기분의 변화

▸ 말다툼

▸ 단절로 느껴지는 모든 행동

'불신과 학대' 핵심신념을 촉발하는 요인은 다음과 같다.

▸ 그가 부정적인 감정, 특히 분노를 표출할 때

▸ 비판(건설적인 비판이든 그렇지 않든)

▸ (이유 불문하고) 예상치 못하게 떨어져 있는 시간

- ▶ 나를 더 알아가고 가까워지고 싶어 하는 그의 노력
- ▶ 친밀감을 원하거나 친밀해지려는 그의 시도

'정서적 박탈' 핵심신념을 촉발하는 상대의 행동은 다음과 같다.

- ▶ 나를 이해하지 못하거나 이해하려는 관심이 없을 때
- ▶ 자신의 감정을 표현하지 않거나 나의 감정 표현을 받아들이지 못할 때
- ▶ 나에게 무엇이 필요한지 묻지 않을 때
- ▶ 나를 깊이 이해하거나 더 깊은 관계를 맺는 데 관심이 없어 보일 때

'결함' 핵심신념을 촉발하는 행동은 다음과 같다.

- ▶ 나에 대한 실망을 느끼거나 말로 표현할 때
- ▶ 모든 비판(건설적인 비판이든 그렇지 않든)
- ▶ 불만
- ▶ 상대방이 '진짜(결함 있는)' 내 모습을 본 것 같을 때
- ▶ 상대방이 나를 알아가고 싶어 할 때
- ▶ 상대가 확신을 주지 않거나, 확신이 일관되지 않을 때

'실패' 핵심신념을 촉발하는 행동은 다음과 같다.

▸ 그가 나를 다른 사람과 비교할 때

▸ 나보다 더 뛰어난(성공한, 매력적인, …) 사람과 함께 있을 때

▸ 열등감을 느끼는 상황

▸ 모든 비판(건설적인 비판이든 그렇지 않든)

▸ 나에 대해 알고 싶어 하는 행동

행동적 촉발요인 식별하기

이제 당신의 핵심신념을 자극하는 더 많은 행동을 알게 되었
다. 일지에 다음 질문에 대해 답해보자. 여기서 중요한 것은 평
소에 호의적인 친구 또는 사랑하는 사람(해로운 사람이 아님)이
당신의 핵심신념을 자극했던 사건임을 유념하는 것이다.

▸ 어떤 핵심신념이 자극되었는가?

▸ 어떤 행동이 가장 자주 자극하는가?

▸ 목록에는 없지만, 핵심신념을 자극하는 또 다른 행동이
있는가?

다른 사람의 행동과 핵심신념 간의 연관성을 인식했는가? 우리의 반응을 긍정적으로 변화시키려면 이러한 인식이 필수적이다.

핵심신념 촉발 상황에 대한 반응행동

지금까지 우리의 핵심신념을 자주 자극하는 해로운 사람의 다섯 가지 유형과 각 핵심신념을 촉발하는 상황과 상호작용을 확인했다. 이제 핵심신념을 촉발하는 사건에 우리가 보일 수 있는 반응행동을 살펴보자. 각 핵심신념을 촉발하는 상황과 상호작용에 대한 반응행동 목록이 포괄적이지는 않다. 이 목록에는 각 핵심신념에 대한 몇 가지 일반적인 반응이 적혀 있을 뿐이다. 다시 말하지만, 이러한 반응은 완전히 자동적이고 보호적이며, 아동기와 청소년기에 형성된 자신·타인·환경에 대한 뿌리 깊은 신념을 고려할 때 이해할 수 있는 것이다. 우리가 맺은 관계에 영향을 미치는 모든 것을 수용하고 이해하는 것은 이 여정의 중요한 부분이다. 자신을 판단하지 말자!

'**버림받음**' 핵심신념을 촉발하는 상황에 대한 반응행동은 다음과 같다.

▶ 집착한다.

▶ 관계를 시험하기 위해 의식적 또는 무의식적으로 말다툼을 시작한다(이것은 자기실현적 예언이 될 수 있는데, 사람들을 너무 밀어내면 결국 그들은 당신을 떠나게 된다).

▶ 만날 수 없는 사람들과 관계를 맺는다(예: 다른 지역에 거주하거나, 다른 사람과 이미 사귀고 있거나, 서로 일정이 맞지 않음).

▶ 버림받지 않기 위해 관계 맺기 자체를 피한다.

'**불신과 학대**' 핵심신념을 촉발하는 상황에 대한 반응행동은 다음과 같다.

▶ 과도하게 경계한다. 배신이나 학대의 징후를 끊임없이 경계한다.

▶ 상황이 잘 흘러가거나 친절한 태도를 보이면 숨겨진 의도가 있다고 의심한다.

▶ 약한 모습을 보이는 것이 어렵거나 불가능하다고 느낀다.

▶ 방어적이다.

▶ 상대방이 화를 내지 않도록 순응적이고 고분고분한 태도를 보인다.

- 예상되는 학대로부터 자신을 보호하기 위해 다른 사람을 비난한다.
- 사람들이 상처를 줄까 봐 두려워 가까워지는 것을 피한다.
- 자신의 취약점을 공유하지 않는다. 상대방이 악용할까 두렵기 때문이다.
- 자신이 받는 부당한 대우를 허용하며, 그것이 마땅하다고 여긴다.
- 아무도 믿을 수 없어서 관계를 피한다.

'정서적 박탈' 핵심신념을 촉발하는 상황에 대한 반응행동은 다음과 같다.

- 필요한 것을 얻지 못하면 화가 나고 요구가 많아진다.
- 필요한 것을 절대 얻지 못할 것 같아서 관계를 회피한다.
- 감정을 표현하지 않는 사람들에게 끌린다.
- 다른 사람들의 반응(예: 인정이나 관심 부족)에 실망할 것 같아서 자신의 약점을 공유하지 않는다.
- 필요한 것을 얻지 못하면 관계에서 물러난다.
- 필요한 사랑과 이해를 받지 못해 다른 사람들에게 분노를 느낀다.

'**결함**' 핵심신념을 촉발하는 상황에 대한 반응행동은 다음과 같다.

- ▶ 당신을 비판하는 사람들에게 끌린다.
- ▶ 다른 사람을 비판한다.
- ▶ 자신의 진짜 모습을 숨긴다.
- ▶ 확신을 요구한다.
- ▶ 비판을 듣는 것이 어렵다.
- ▶ 사람들 앞에서 자신을 깎아내린다.
- ▶ 자신을 다른 사람들과 비교하며 열등감을 느낀다.

'**실패**' 핵심신념을 촉발하는 상황에 대한 반응행동은 다음과 같다.

- ▶ 토론 등 다른 사람과 비교되는 상황을 피한다.
- ▶ 다른 사람이 자신을 비판하거나 성취를 깎아내리는 것을 허용한다.
- ▶ 자신의 재능과 잠재력을 과소평가한다.
- ▶ 실패자로 여겨질까 봐 두려워 진짜 모습을 숨긴다.
- ▶ 관계를 피한다.
- ▶ 사람들을 판단하고 비판한다.
- ▶ 비판을 피하려고 성취를 과도하게 추구한다.

반응행동 파악하기

이제 우리의 반응행동을 알아보자. 다시 말하지만, 이러한 반응은 완전히 자동적이고 보호적이며, 아동·청소년기 경험으로 형성된 자신·타인·환경에 대한 뿌리 깊은 신념을 고려할 때 이해할 수 있는 것이다. 우리의 관계에 기여하거나 방해하는 모든 것을 받아들이고 이해하는 것은 이 여정의 일부다. 그러므로 판단은 접어두자! 일지에 다음 질문에 대한 답을 적어 보자.

> ▸ 내가 지닌 각각의 핵심신념에 어떤 반응행동을 하는가?
> ▸ 핵심신념이 촉발될 때 하는 또 다른 반응행동이 있는가?

반응행동을 자각하는 것은 불편할 수 있다. 수치심, 후회, 슬픔이 몰려올 수도 있다. 이해한다. 감정적으로 고통스러울 수 있는 과거의 경험을 파악하고 살펴보는 것은 이 여정에 포함된 과제 중 하나다. 과거를 살펴야 앞으로 나아갈 수 있음을 기억하자. 잘못된 과거에 집착하란 뜻이 아니라, 앞날에 도움이 되는 선택을 하기 위해 반응행동을 식별해 보자는 것이다.

이제 이 장에서 다룬 모든 정보를 종합하여 더 큰 그림을 볼 수 있도록 해보자.

관계 촉발요인 연습

이 연습을 통해 촉발요인(사람과 유형, 상황과 행동)과 그로 인해 활성화되는 핵심신념, 감정, 반응행동 간의 연관성을 이해할 수 있다. '촉발하는 사람과 유형' 항목에서는 그 사람의 이름과 다섯 가지 유형 중 어떤 유형에 속하는지 적는다. 모든 상황이 해로운 유형에 의해서만 촉발되는 것은 아니라는 점을 기억하자. '정상적인' 사람이 보이는 특정 행동에 의해서도 촉발될 수 있다.

- ▸ 촉발하는 사람과 유형:
- ▸ 촉발 행동/상황:
- ▸ 핵심신념(들):
- ▸ 감정:
- ▸ 반응행동:

아드리아나가 작성한 내용을 살펴보자. 먼저 그녀의 성장 환경은 다음과 같다. 아드리아나는 자신이 화목한 가정에서 자랐다고 말한다. 하지만 부모는 그녀가 기대에 어긋나는 행동을 할 때마다 자주 거부했고, 그 결과 아드리아는 자신에게 결함이 있다고 느끼게 되었다. 부모는 실망을 직접적으로 표현하지 않았고, 기대하는 바를 명확히 표현하지도 않았다. 대신, 감정적으로 딸과 거리를 두었다(즉 그녀를 사랑한다고 말하지 않고, 최소한의 대화만 하며, 동생을 더 좋아하는 모습을 보였다). 예상할 수 있듯이, 아드리아나는 의사소통이 부족하거나 상대방이 거리를 둘 때 '버림받음'과 '결함' 핵심신념이 촉발된다. 이제 그녀가 작성한 양식 중 하나를 살펴보자(그녀는 여러 양식으로 자기 경험에 대해 작성했는데, 당신도 그렇게 하기를 권한다).

아드리아나의 관계 촉발요인 연습

- ▸ 촉발하는 사람과 유형: 내 남자친구, 무해한 유형
- ▸ 촉발 행동/상황: 내 진짜 모습을 일부 보여줬는데 남자친구의 반응이 미지근하거나 멀어지는 것 같을 때.
- ▸ 핵심신념: '버림받음'과 '결함'

▸ 감정: 슬픔, 수치심, 두려움

▸ 반응행동: 그가 나를 거부하기 전에 내가 먼저 떠난다.

핵심신념이 사람이나 상황 또는 사건에 의해 촉발되면, 우리의 이야기는 마치 스노우볼이 흔들리는 것처럼 생생하게 되살아난다. 그 결과, 매우 강렬하고 견디기 힘든 부정적 감정반응을 경험하게 된다. 이는 핵심신념의 근원에 이르는 감정적 지름길이 되고, 우리는 자신을 보호하기 위해 반응행동에 돌입하게 된다. 다음 장에서는 현재의 순간에 머무르는 마음챙김이 부정적인 생각, 고통스러운 감정, 행동충동을 다루는 데 어떻게 도움이 되는지 설명해 보려고 한다. 계속해 보자.

4장

어떻게 습관적인 반응을 멈출까?

마음챙김으로 현재에 머무르기

모든 생각, 감각, 감정은 그저 날씨일 뿐이고, 나는 하늘이다.

하늘인 나는 그저 날씨가 지나가도록 내버려두면 된다.

♥ ♥ ♥

이번 장에서는 현재에 머무를 수 있는 새로운 방식을 안내하려고 한다. 당신은 오랫동안 자신의 이야기 속에 갇혀 있었다. 그 이야기는 항상 당신과 함께하며, 스트레스 상황, 불쾌한 기억, 힘든 감정, 부정적인 생각 등에 의해 활성화된다. 이 이야기로부터 거리를 둘 방법이 있다고 하면 믿을 수 있는가? 우리는 앞서 핵심신념이 상황에 대한 인식을 제한하는 방식과 위협을 인지할 때 나오는 자동 반응에 대해 논의했다. 이것이 바로 마음mind이 우리를 돕는 방식이다. 우리의 마음은 과거의 경험을 바탕으로 반응하기 마련이다. 경험은 기억에 저장되기 때문에, 마음은 기존의 정보와 일치하는 상황이 닥치면 별다른 처리를 하지 않아

Love Me
Don't Leave Me

도 된다. 마음이 박제된 과거의 장면으로 다시 돌아가는 것이다. 문제는 마음이 현재가 아니라 과거 상황에서 내린 결론에 이르는 지름길을 택한다는 것이다. 이것이 바로 자동 반응이다. 우리는 이 오래된 반응을 현재의 마음챙김 반응으로 바꿔야 한다.

과거의 이야기가 활성화되면 마치 그때의 순간으로 되돌아 것처럼 느껴진다. 당신에게 보이는 것은 그것이 전부다. 마치 스노우볼이 흔들리며 살아나는 것과 같다. 당신의 시각과 다른 감각은 과거 이야기에서 나온 경험으로 제한되며, 그 결과 두려움에 기반한 반응이 나타난다. 현재의 새로운 정보를 받아들여 자동 반응하기보다는 대응하고, 두려워하는 대신 수용적인 시각으로 바라보고, 확신이 아닌 열린 마음으로 보는 것이 가능하다고 상상할 수 있겠는가? 덜 경계하고 더 신뢰하는 모습을 상상할 수 있는가?

우리의 이야기가 방해할 때

과거의 이야기에서 벗어나 새로운 현실을 직면하는 데 도움이 될 만한 시나리오가 있다. 바로 플라톤의 '동굴의 비유'이다. 다음의 장면을 떠올려 보자.

빛을 향해 입을 벌린 지하 동굴 속에서 사는 사람들이 있었다. 빛은 동굴 끝까지 길게 뻗어 있다. 그들은 어릴 때부터 그곳에서 살았다. 다리와 목에는 쇠사슬이 채워져 있어서 움직일 수 없고, 오로지 앞만 볼 수 있다. 쇠사슬 때문에 고개를 돌릴 수 없어서 좌우와 뒤를 볼 수 없다. 머리 위 뒤쪽 먼 곳에서는 불이 타오르고 있으며, 불과 죄수들 사이에는 길이 하나 있고, 그 길을 따라 인형극의 스크린 같은 낮은 벽이 있다. 그 벽을 따라 지나가는 사람들은 나무나 돌 같은 재료로 만든 그릇, 동상, 동물 모형 등을 들고 있고, 그 물건들이 벽 위로 나타난다. 쇠사슬에 묶인 죄수들은 고개를 움직이지 못해 오직 자신들의 그림자만 보게 된다. 그리고 운반되는 물건들의 그림자만 보인다. 이들에게는 진실이 그림자에 있다.

이미지를 기억하면서, 죄수들이 어느 날 쇠사슬에서 풀려나 자신들의 진실이 단지 그림자였다는 사실을 알게 되었다고 상상해 보자. 이제 그들은 일어나서 뒤를 돌아본 후, 앞으로 걸어가 빛을 향해 서서 실제로 무엇이 있는지 볼 수 있게 된다. 예상할 수 있듯, 빛은 그들의 눈을 아프게 한다. 너무 오랫동안 같은 자세로 갇혀 있었기 때문에 움직이고, 걸으며, 고개를 돌리는 것이 고통스럽다. 눈이 부셔서 괴롭고, 원래 그림자였던 실제 이미지들을 처리하기 어렵다. 처음에는 사물의 그림자가 여전히 그들에게는 진실이고 아는 것이다. 새로운 진실, 즉 매우 다르게 보이는 사물에 적응할 시간이 필요하다. 이제 죄수들이 동굴에서 나와 햇빛을 맞이하는 장면을 상상해 보자. 처음에는 밝은 햇빛에 눈이 부셔서 현실을 볼 수 없다. 적응하는 과정은 고통스럽고 시간이 걸린다. 하지만 그건 견딜 수 있는 일시적인 고통이며, 그들이 오랫동안 겪어온 고통보다는 낫다.

이제 이 상황에서 당신이 어떻게 반응할지 살펴보자.

나의 이야기 연습

일지에 다음 질문에 답해보자.

▸ 자신이 동굴에 갇혀 벽에 비친 그림자만 보고 있다고 상상해 보자. 어떤 생각, 감정, 감각이 올라오는가?

▸ 이제 쇠사슬을 풀고 돌아서서 사물의 실제 모습을 바라보는 상황을 상상해 보자. 지금은 어떤 생각, 감정, 감각이 올라오는가?

▸ 다음으로, 동굴에서 나와 밝은 햇빛 속으로 나오는 자신을 상상해 보자. 생각, 감정, 감각에 변화가 생겼는가? 어떻게 변했는가?

▸ 이 연상 작업이 자신의 이야기와 거리를 두는 데 도움이 되었는가?

자신의 이야기(벽에 비친 그림자)에서 지금 이 순간에 일어나고 있는 현실로 전환하는 것은 두려운 변화다. 당신의 이야기는 고통으로 가득 차 있긴 해도 익숙할 것이다. 아는 것을 놓아버리고 새롭고 낯선 방식으로 존재하기란 어렵다. 이야기 속에 갇히게 되면, 뿌리 깊은 두려움의 반응이 지배하면서 현재와 단절되고 과거 경험에 따라 반응하게 된다. 두려움 속에서 살면 끊임없이 투쟁, 도피, 경직, 강요의 생존 방식으로 반응하느라 지치게 된다.

마음챙김으로 현재에 머무르기

자동 반응에서 벗어나 지금 이 순간에 머물며, 현재의 정보와 경험을 바탕으로 신중한 선택을 할 수 있도록 돕는 기술이 있다. 이것을 **마음챙김**mindfulness이라고 한다. 마음챙김은 우리의 이야기와 그 이야기 속 모든 것(핵심신념, 자기 자신에 대한 신념, 타인에 대한 신념, 예측 등)에서 벗어나는 데 도움을 주는 훌륭한 기술이다. 마음챙김을 통해 현재 상황에 머무를 수 있다. 이는 새로운 정보와 가능성에 열려 있는 상태를 뜻한다. **현재에 머무른다는 것은 현재의 경험 속에서 신중하고 자비로운 반응을 늘리는 것을 의미한다.** 자신의 경험적 이야기와 그 이야기에 대한 자동적 반응행동으로부터 멀어지면, 다른 선택지를 볼 수 있는 여유가 생기고 신중한 반응(마음챙김)을 선택할 수 있게 된다. 다시 말해, 우리는 벽에 비친 그림자만 계속 보면서 항상 일어났던 일의 반복을 예상하며, 늘 해왔던 방식으로 반응해서 같은 결과와 고통스러운 감정(슬픔, 분노, 외로움, 좌절, 수치심)을 경험할 수 있다. 아니면 과거에서 벗어나 현재를 살아갈 수도 있다.

이제 다시 동굴로 돌아가 보자. 핵심신념에 반응할 때, 우리는 그림자가 투영된 벽에 가까이 묶이게 된다. 그림자는 과거의 경험, 즉 우리의 핵심신념을 형성한 경험들이다. 벽에 너무 가까이 있으면, 과거의 경험이 현재의 경험이 아님을 인식할 수 있는 거리를 확보할 수 없다. 이제 한 걸음 물러나 벽에 비친 이미지와 자신 사이의 거리를 넓혀 보자. 차이가 느껴지는가? 과거와 멀어지면서 더 도움이 되는 행동을 선택할 가능성이 생기는가? 과거의 이야기와 계속 거리를 두고, 과거 사건에 근거해서 미래를 예측하려는 마음을 내려놓아야 한다. 지금 일어나는 일에 집중하자. 순간에 머무르면서 판단 없이 현재를 바라봄으로써 핵심신념과 멀어지게 된다. 핵심신념은 항상 존재하겠지만, 그것이 현재 상황에 미치는 힘과 부정적인 영향을 없앨 수 있다.

다음은 당신의 이야기와 현재 경험 사이에 거리를 두는 연습이다. 이 연습은 『대인관계 문제 해결 워크북The Interpersonal Problems Workbook』을 수정한 것으로, 핵심신념과 자동 반응행동을 촉발하지 않으면서 현재 상황을 관찰하는 데 도움이 된다.

마음챙김 집중 연습

이 연습은 우리의 생각과 감정을 시간을 두고 보게 하여 그것이 단지 일시적인 경험일 뿐이고 반응행동이 필요 없다는 걸 깨닫게 한다. 먼저 다음 내용을 읽고 익숙해진 후에 연습을 시도해 보자(또는 내 홈페이지 http://www.lovemedontleaveme.com에서 이 연습을 위한 오디오를 들을 수 있다.)

▸ 눈을 감고 깊이 숨을 들이마신다. 호흡에 주의를 기울인다. 숨이 코와 목을 통과할 때 느껴지는 시원함을 관찰한다. 그리고 공기가 폐에 들어가면서 갈비뼈가 팽창하는 느낌을 알아차린다. 숨을 들이마실 때 횡격막이 늘어나는 느낌과 숨을 내쉴 때의 해방감을 인식한다. 흐르는 공기의 경로를 따라 주의를 집중하면서 호흡하는 과정을 그저 지켜본다. 들이마시고 내쉬고… 들이마시고 내쉰다.

▸ 호흡하는 동안 다른 경험들도 인식하게 될 것이다. 생각이 떠오르면 그저 '생각'이라고 속으로 말한다. 그것이 생각이라고 이름 붙이는 것이다. 감각을 인식하면 그저 '감각'이라고 이름 붙인다. 감정을 인식하면 그저 '감정'이라고 이름 붙인다. 어떤 경험에도 집착하지 않도록 하자. 그저 이름 붙이고 흘려보낸다. 그리고 다음 경험을 기다린다. 그저 마음과 몸을 관찰하며 생각, 감각, 감정에 이름 붙인다. 무언가 고통스럽게 느껴진다면, 그저 그 고통을 알아차리고 다음에 떠오르는 것에 마음을 연다. 각 경험을 지켜보며, 그것이 무엇이든 이름 붙이고, 흘려보내고,

다음에 일어날 일에 마음을 열어 둔다.

▸ 모든 것을 지켜보면서 그대로 둔다. 이 모든 생각, 감각, 감정은 그저 날씨일 뿐이고, 나는 하늘이다. 하늘인 나는 그저 날씨가 지나가도록 내버려두면 된다. 그저 지켜보고, 이름 붙이고, 놓아버린다.

▸ 약 2분 동안 조용히 명상한 후, 눈을 뜨고 주변 환경으로 주의를 돌리며 마무리한다.

하루에 한 번 이 마음챙김 집중 연습을 하기를 권한다. 반응 행동을 하지 않은 채 내면의 경험을 편안하게 관찰할 수 있도록 말이다. 마음챙김을 실천하며 현재 경험의 흐름을 인식하면 과거의 경험과 거리를 두고 상황에 유연하게 대응할 수 있게 된다. 촉발사건을 이전과 같은 방식으로 보거나 해로운 의사소통과 행동으로 반응하지 않게 될 것이다.

현재의 경험과 그에 따른 감정적 고통을 판단하지 말고, 멈추거나 피하려고도 하지 않은 채 그저 관찰해 보자. 벽에 투영된 이미지에 가까이 있으면, 그 이미지가 촉발하는 고통에서 벗어나기 위해 유익하지 않은 방식으로 반응하게 된다. 하지만 한 걸음 물러서서 그 이미지가 벽에 투영되는 방식을 볼 수 있다면, 무슨 일이 일어나고 있는지 잘 인식할 수 있고, 핵심신념과 이야 기로부터 거리를 확보할 수 있다. 이 거리를 통해 현재의 경험에 호기심을 갖고 마음을 열게 되고, 더 많은 행동의 선택지를 보게 된다. 같은 생각, 감정, 감각에 다르게 반응하게 되는 것이다.

핵심신념이 촉발되면 감정의 안개 속에 갇히게 된다. 갑자 기 좋은 선택지를 보지 못하게 되고 두려움에 기반한 예전의 반 응행동으로 돌아간다. 비난, 멀어짐, 집착, 지나친 요구와 같은 행동을 하거나 스스로를 달래려고 약물, 과식, 알코올에 빠질 수 있다. 핵심신념이 촉발될 때 떠오르는 자동적 생각(예: '그가 나를 떠날 거야,' '나는 충분하지 않아,' '원하는 사랑을 절대 얻지 못할 거야')을 멈출 수는 없지만, 반응행동은 멈출 수 있다. 핵심신념이 촉발되 어 부정적인 감정과 생각의 안개에 휩싸이면 이러한 감정과 생 각의 존재를 인정하고 안개가 걷힐 때까지 기다리자. 그러면 유 익한 행동을 선택할 수 있을 것이다.

촉발사건에 대한 반응

이제 핵심신념을 촉발하는 요인(3장의 '관계 촉발요인 연습'을 참고)과 이러한 촉발 상황에서 나타나는 생각, 감정, 신체적 감각을 살펴보자. 이 책의 후반부에서는 유익한 의사소통 및 행동 선택을 위한 기술과 도구를 소개할 것이다. 하지만 지금은 핵심신념이 촉발될 때 경험하는 신체적 감각을 다루는 방법과 이러한 반응이 생각이나 감정과 어떻게 연관되는지 이해하는 데 집중하고자 한다. 핵심신념이 촉발되면 나타나는 신체적 반응의 예로는 가쁜 호흡, 얕은 호흡, 심박수 증가, 위의 불편(복통, 메스꺼움등), 체온 변화(상승과 하강), 발한 등이 있다.

촉발사건에 대한 반응 연습

이 연습을 통해 핵심신념이 촉발될 때 우리가 어떻게 반응하는지 인식할 수 있다. 하나의 촉발사건을 생각해 보고, 일지에 다음 질문에 대해 답해 보자(알아보고 싶은 촉발사건이 여러 개라면 각각을 별도의 항목으로 작성해 본다. 또한 다른 사건이 핵심신념을 촉발할 때마다 이 연습을 반복한다).

▸ 촉발 사건을 묘사해 보자.

▸ 어떤 생각이 드는가?

▸ 이 경험이 신체적으로 어떻게 나타나는가? (긴장되는가?
몸이 뜨겁거나 차가워지는가? 심박수가 증가했는가?) 느껴지는
모든 감각을 구체적으로 최대한 많이 적어 보자.

▸ 지금 어떤 감정을 경험하고 있는가?

잠시 멈춰 서서 생각, 감정, 신체적 감각을 관찰하고, 안개가
걷히기를 기다린 후에 유익한 선택을 하자. 감정의 안개에 가
려 일시적으로 앞이 보이지 않는 상태임을 빨리 인식할수록 더
나은 선택을 할 수 있다.

핵심신념을 촉발하는 사건에 대한 자신의 반응을 인식하면
습관적인 반응행동 사이클을 끊을 수 있다. 투쟁, 도피, 경직, 강
요 반응은 더 이상 현재의 관계에 적절하지 않다. 촉발 시 드는
생각, 감정, 감각을 관리하는 법을 배우면, 마음챙김 상태에서 행
동을 선택할 수 있게 된다.

일상에서 인식을 키우기

행동에 대한 인식은 흐려지기 쉽다. 누구에게나 익숙해진 습관과 루틴이 있기 마련이다. 이러한 습관과 루틴은 너무나 익숙해져서 처음에 느꼈던 감각들을 더 이상 인식하지 못하게 된다. 이러한 패턴에 해당하는 두 가지 상황이 생각난다. 나는 매일 달리기를 한다. 기분, 에너지 수준, 운동 목표에 따라 샌프란시스코 집 근처에서 출발하는 네 가지 코스 중 하나를 선택한다. 코스를 정하면 자율주행 모드에 들어간다. 달리는 동안 지나치는 랜드마크를 의식적으로 인지하지 못하고, 어떤 노래를 들었는지도 기억하지 못할 때가 많다. 눈코 뜰 새 없이 바빴던 날에는 아침 일찍 달렸다는 사실조차 떠올리는 데 몇 초가 걸린다. 이런 상태는 마음챙김과 정반대다.

마음챙김을 하지 않으며 달릴 때도 똑같은 칼로리가 소모될까? 그렇다. 나는 목표 지점에 도달하는가? 물론이다. 여전히 내가 좋아하는 엔도르핀 급증을 느끼는가? 그렇다. 하지만 충분히 인식하지 않아서 부수적으로 누릴 수 있는 혜택을 놓치고 있다. 주변 환경을 감상하지 못하고, 음악을 듣느라 주변 소리를 놓치며, 발이 땅에 어떻게 닿는지 주의를 기울이지 않는다. 자율주행 모드로 달릴 때 나는 내 경험을 바꿀 수 있는 많은 정보를 놓치고 있다. 마음챙김은 제한된 사고방식과 관점에서 벗어나게 해주며, 습관적인 행동을 하는 대신 행동을 선택할 수 있게 해준다.

최근 텍사스주 오스틴에 방문했을 때, 나는 능동적인 마음챙김 달리기를 경험했다. 낯선 환경이었기 때문에 마음챙김을 시도하기에 좋은 장소일 것만 같았다. 평소 샌프란시스코에서 달릴 때보다 온도와 습도가 높았고, 모든 전자기기는 방에 두고 나왔다. 나는 달리기를 시작했다. 발이 흙길에 닿을 때마다 발이 착지할 때의 바스락거리는 소리가 들렸다. 열기와 습도에 적응하려고 애쓰면서 숨소리를 들었다. 폐가 팽창하고 수축하는 감각도 느꼈다. 멀리서 들려오는 교통 소음과 물 위에서 카약을 타며 노를 젓는 사람들이 내는 소리도 들었다. 스쳐 지나가는 사람들 사이에서 오가는 대화 일부가 들렸다. 달릴수록, 그리고 내 경험에 더 집중할수록 감각이 예민해지는 것이 느껴졌다. 개 짖는 소리가 들렸다. 자전거를 탄 사람이 멈추자 타이어가 흙과 마찰하는 소리가 들렸다. 맞은편에서 달려오는 사람과 인사를 나눴다. 평소보다 땀이 많이 났고 직사광선 아래는 더웠지만 그늘진 곳을 지날 때는 약간의 바람에 소름이 돋았다. 나는 이 모든 것들이 일어나는 바로 그 순간에 알아차렸다. 경험을 방해하는 생각들이 머릿속에 떠올랐지만, TV 화면 하단의 뉴스 자막처럼 그냥 흘려보냈다. 이 달리기 경험은 샌프란시스코에서의 일상적인 달리기와 매우 달랐다. 나는 마음챙김을 하며 현재에 머무르고 있었다.

비형식적 마음챙김 연습

마음챙김을 시도하는 것이 어렵거나 꺼려진다면, 아래 소개된 두 가지 연습처럼 더 활동적이고 비형식적인 것부터 시작해 보자. 이러한 기술에 익숙해진 후에 본격적인 마음챙김 연습을 시도할 수 있다. (www.lovemedontleaveme.com에서 마음챙김 자료 목록을 확인할 수 있다.)

산책

조깅을 하지 않는다면, 마음챙김을 실천하며 걸어 보자. 익숙하지 않은(그러나 안전한) 장소에서 걸으면 마음챙김을 실천하기에 더 쉬울 수 있다. 이미 익숙해진 평소의 걷기 습관이나 루틴에서 벗어나는 데 도움이 되기 때문이다. 전자기기는 집에 두고 가는 것이 좋다. 주변의 풍경과 소리에 주의를 기울이고, 숨소리와 발이 땅에 닿는 감각을 느껴본다. 주변을 관찰하고,

모든 감각을 일깨우고, 자신의 경험에 몰입하고 연결되어 보자.

산책에서 돌아오면 이 경험을 일지에 기록해 보자. 다음 질문에 답하면서 경험을 서술할 때 모든 감각을 동원해 보자.

▸ 무엇을 만졌는가?

▸ 무슨 냄새를 맡았는가?

▸ 무엇을 보았는가?

▸ 무슨 소리를 들었는가?

▸ 무슨 맛을 느꼈는가?

▸ 마음챙김 연습과 관련 없는 생각이 떠올랐을 때, 어떻게 대처했는가?

▸ 이 산책 경험이 나의 인식을 더 키워 주었는가?

모닝커피 또는 차

내가 좋아하는 또 다른 비형식적인 마음챙김 연습은 아침에 커피를 마시는 것이다. 커피를 마시지 않는다면, 좋아하는 아침 음료로 대체해도 된다.

음료를 준비한 후, 편안한 자리에 앉는다(나는 주로 커피를 침대로 가져간다. 당신이 좋아하는 장소를 선택하면 된다). 머그잔을 손에 쥐고 온도를 느껴 본다. 한 모금 마시기 전에 머그잔을 입술에 대었을 때의 감각을 느껴 보라. 음료의 향을 느껴 보자. 그 향이 어떤 기억을 떠올리게 하는가? 머그잔 안을 들여다보면 무엇이 보이는가? 첫 모금을 마실 때 나는 소리를 주의 깊게 들어보자. 후루룩, 꿀꺽, 삼키는 소리가 들리는가? 맛의 미묘함에 집중해 보자. 커피든 차든 항상 여러 가지 맛이 혼합되어 있기 마련이다. 새롭게 알게 된 것이 있는가?

이 경험을 일지에 기록해 보자.

▸ 무엇을 만졌는가?

▸ 무슨 냄새를 맡았는가?

▸ 무엇을 보았는가?

▸ 무슨 소리를 들었는가?

▸ 무슨 맛을 느꼈는가?

▸ 마음챙김 연습과 관련 없는 생각이 떠올랐을 때, 어떻게 대처했는가?

▸ 모닝커피나 차를 마시면서 나의 인식이 더 커졌는가?

마음챙김과 관계

관계에서 생기는 경험에 대처할 때 마음챙김 방식을 취할 수 있다. 마음챙김으로 자신의 경험에 주의를 기울이면 습관적인 반응행동 사이클을 멈출 수 있다. 과거 이야기가 활성화되거나 스노우볼의 눈을 흔드는 상황, 즉 핵심신념이 촉발되는 상황에 처했을 때 멈춰서서 자신이 강렬한 감정반응을 겪고 있으며, 불편한 신체 감각과 해로운 생각이 동반되고 있음을 인식할 수 있다.

이 경험에 머물면서 감정의 강도가 줄어들기를 기다린 다음, 벽에 비친 그림자가 아닌 자신이 알고 있는 진실을 기반으로 신중한 선택을 할 수 있다. 여기서 진실이란 당신의 이야기는 이 순간과 관련 없으며, 생명을 위협하는 상황이 아니므로 생존이 위태롭지 않다는 것이다. 인내심, 호기심, 개방성, 자비심을 가지고 지켜보고 기다림으로써 자신의 습관적인 반응행동과 거리를 둘 수 있다.

버림받는 두려움을 느끼는 순간의 행동 사이클은 타당할 수는 있으나 유익하지 않다. 비록 자신을 보호하려는 반응이지만, 결국 기분이 더 나빠지고 관계는 손상될 수 있다.

관계 경험을 관찰하기

핵심신념을 촉발하는 사건을 매일 관찰하는 연습을 하면 무익한 행동을 유익한 행동으로 전환하는 데 도움이 된다. 3장에서 '관계 촉발요인 연습'을 완수했을 것이다. 이번 연습은 그 확장판이다. 핵심신념이 활성화될 때 나타나는 감정, 생각, 감각, 행동충동에 주의를 기울이기를 바란다. 이를 인식하면 반응행동을 할 이유가 없음을 자각하기가 더 쉬워진다.

이 연습을 수행할 때 다음 사항들을 인식해 보자.

▹ 감정: 감정의 강도가 어떤 방식으로 증가하거나 감소했는가? 그리고 감정이 어떻게 변화했는가(예: 상처에서 분노로 변화)?

▹ 생각: 생각을 관찰하면서 판단이나 집착 없이 떠오르고 사라지게 내버려둘 수 있었는가?

▹ 감각: 신체 반응(체온, 심박수, 호흡 변화 등)을 인지했는가?

▹ 행동충동: 자동적으로 나타나는 행동충동을 인지했는가?

▹ 선택권이 있다는 것을 깨달았는가?

관계 경험 연습

이 연습은 매일 하는 것으로, 이번 장에서 제시된 마음챙김 기술을 강화해줄 것이다. 현재 순간에 집중하면 핵심 신념이 촉발될 때 나타나는 해로운 행동충동에 저항할 수 있다. 이 연습은 『대인관계 문제를 위한 수용전념치료Acceptance and Commitment Therapy for Interpersonal Problems』에서 수정한 것이다. 새로 유익한 행동을 만들 때는 일관성과 빈도가 중요하다.

다음 질문에 대한 답변을 일지에 기록해 보자.

▸ 사건:

▸ 핵심신념 감정:

▸ 핵심신념 생각:

▸ 신체 감각:

▸ 핵심신념에 따른 충동:

▸ 행동충동을 실행에 옮겼는가? 그렇다면 반응행동은 무엇이었는가? 아니라면 어떤 대안적인 반응을 했는가?

새미의 작성 예시를 살펴보자. 새미의 핵심신념은 '버림받음'

과 '정서적 박탈'이다. 그녀는 외동딸이다. 성장기에 부모는 자주 여행을 다녔고, 집에 있을 때면 마치 두 사람만의 세계에 있는 것처럼 보였다. 그녀는 다른 사람과 신체적 또는 정서적 거리감을 느낄 때 자신의 핵심신념이 촉발되는 것을 인식하고 있다. 촉발사건은 친구나 애인이 만남을 취소하거나 변경하는 것처럼 흔한 일일 수도 있다. 그녀가 기록한 것을 보자.

- ▶ 사건: 세 번째 데이트 직전에 릭에게서 업무가 많아 저녁 식사 일정을 바꿔야 한다는 문자를 받았다.
- ▶ 핵심신념 감정: 불안, 공황, 슬픔.
- ▶ 핵심신념 생각: 그는 나와 함께 있는 것보다 일을 더 좋아한다. 그는 나를 좋아하지 않는다.
- ▶ 신체 감각: 속이 메스꺼웠다. 가슴이 텅 빈 것 같기도 했다.
- ▶ 핵심신념에 따른 충동: 그의 문자에 답장하고 싶지 않았다. 나는 관계에서 물러나고, 삐치고, 투덜거리고 싶었다.
- ▶ 행동충동을 실행에 옮겼는가? 실행에 옮기지 않았다. 대신 "아쉽네요. 곧 보기를 바랄게요."라고 답장을 보냈다.

이 연습은 당신이 경험에 대해 새롭게 알게 된 지식과 계속 연결되도록 도와줄 것이다. 실제 경험과 트라우마에 뿌리를 둔 핵심신념 때문에 두려움과 자기방어적 반응이 생기고, 그 결과 당신의 감정은 촉발된다. 이제 당신은 핵심신념과 이에 따른 자동적 행동이 기분을 더 나쁘게 만들고 관계를 손상시킨다는 사실을 알게 되었다. 핵심신념이 촉발될 때 마음챙김을 실천하면, 두려움에 기반한 반응행동을 하지 않고 변화하는 감정, 생각, 신체 감각과 함께 현재의 경험에 집중할 수 있다. 이야기에 갇혀 있으면 현재의 경험과 단절되고, 과거의 경험에 반응하게 된다.

당신은 아마도 과거의 관계가 실패했거나 힘들었기 때문에 행동을 바꾸고자 결심했을 것이다. 어쩌면 지금도 계속 같은 문제에 직면하고 있기 때문일지도 모른다. 변화는 가능하지만, 지침이 없다면 더 어렵게 느껴질 수 있다. 우리를 계속 앞으로 나아가게 하고, 진전을 이루기 위해 계속해서 노력하도록 누군가 또는 무언가가 동기를 부여해줘야 한다. 다음 장을 쓴 목적이 바로 그것이다. 행동 변화를 위한 동기를 제공하려는 것이다. 5장에서는 가치의 중요한 역할과 가치 중심의 행동에 몰두하는 것이 어떻게 당신의 삶과 관계에 강력하고 긍정적인 영향을 미치는지 설명할 것이다. 여정은 계속된다.

5장

나는 무엇에 가치를 두는가?

변화를 위한 동기부여

고통은 자신에게 귀 기울이게 하는
초대장이자 모든 배움의 원천이다.

♥ ♥ ♥

지금까지 핵심신념과 이에 동반되는 감정, 생각, 신체 감각, 행동 등 자신에 대해 많은 것을 배웠다. 이제 각자의 이야기가 어떻게 두려움에 기반한 반응행동 패턴에 갇히게 하는지 깨달았을 것이다. 이 패턴은 당신을 더 고통스럽게 하고 관계를 손상시킨다. 그리고 우리는 고통을 일으키는 상황에 반응하게 되는데, 반응행동은 그 고통이 두려워서 피하려는 노력임을 이해하게 되었을 것이다. 또한 유익한 행동과 그렇지 못한 행동이 무엇인지도 이해하기 시작했을 것이다. 이제 당신이 행동을 바꿔서 건강하고 지속 가능하며, 사랑 가득한 관계를 맺는 여정을 이어갈 수 있도록 동기를 부여하고자 한다. 이번 장에서는 유익한 변화에 필요한 동기를 부여할 것이다.

이차적 고통 제거하기

우리는 핵심신념에 내재한 고통을 피하고, 맞서 싸우고, 감추면서 살아왔다. 고통에 대한 반응으로 순간적이나마 기분이 조금 나아지는 듯한 행동을 발전시켰을지도 모른다. 하지만 여전히 고통스러운 탓에 그런 행동이 정답이 아님을 알고 있을 것이다. 이전 장에서 배운 것처럼 자신에 대한 신념은 너무 강력해서 결국 부정적인 자기 대화에 빠지게 된다. 그렇다면 이 고통을 어떻게 해야 할까? 오랫동안 우리와 함께한 핵심신념을 제거할 수는 없다. 우리를 자극하는 상황을 피할 수도 없다. 통제할 수 있는 것이라곤 하나도 없는 것 같을 때 어떻게 해야 할까?

사실 모든 것이 통제 불가능한 것은 아니다. 촉발요인에 대한 우리의 반응은 통제할 수 있기 때문이다. 그렇다, 바로 그게 정답이다! '정말 그렇게 간단하단 말이야?'라는 의문이 들지도 모른다. 그럴 수도 있고 아닐 수도 있다. 변화에는 노력과 헌신이 필요하다. 바꿀 수 없는 것은 받아들이고 자신의 핵심가치를 인식할 때(이에 대해서는 이 장에서 더 다루겠다) 헌신하고 노력하기가 더 쉬워진다.

　　수용전념치료acceptance and commitment therapy, ACT에서는 변화에
필요한 동기를 형성하는 데 매우 유용한, 고통에 대한 훌륭한 개
념이 있다. ACT는 고통이 인간으로 살아가는 경험의 고유한 부
분임을 받아들인다. 핵심신념과 관련된 고통은 극복할 수 있는
고통이 아니다. 핵심신념은 유아기와 청소년기의 경험에서 형성
되었기 때문에 우리의 경험에 지속적인 영향을 미친다. 예를 들
어, 어린 시절에 버림받은 경험이 있는 사람이 앞으로도 버림받
게 될 것을 예상하면서 살게 되면, 대인관계에서 일어나는 사건
에서 '버림받음' 핵심신념이 촉발될 가능성이 크다. 다른 사람의
비판, 실망, 멀어짐, 분노가 핵심신념과 그에 따른 두려움을 촉발
하는 것이다.

　　따라서 ACT는 핵심신념이나 이에 동반하는 고통을 제거하
는 데 중점을 두지 않는다. 대신에 핵심신념이 촉발될 때 다르게
반응하는 법을 배우는 것을 목표로 한다. ACT에서는 우리가 경
험하는 고통의 유형을 구분하는 것이 매우 중요하다. 인간이기
에 피할 수 없고 통제할 수 없는 고통을 **일차적 고통**primary pain으
로 식별한다. **이차적 고통**secondary pain은 일차적 고통을 피하거나
통제하면서 우리가 만들어내는 고통이다. 그렇다. 우리에게는
관계에서 고통과 문제를 일으키는 이차적 고통을 없앨 힘이 있

다. 핵심신념과 관련된 반응행동은 피할 수 있는 고통, 즉 이차적 고통을 일으킨다.

핵심신념의 촉발로 인한 반응행동은 관계에서 겪는 어려움의 근원이다. 따라서 고통 문제를 해결하려면 다음의 두 단계를 밟아야 한다.

1. 핵심신념이 촉발될 때 나타나는 고통을 받아들인다.
2. 핵심신념이 촉발될 때 홍수처럼 밀려오는 부정적 감정에 대한 반응행동을 바꾼다.

핵심신념이 촉발될 때의 반응으로 인해 발생하는 이차적 고통은 선택 사항이다. 이 고통을 삶에서 없앨 수 있는 선택권과 힘이 우리에게 있다! 이는 흥미로운 사실이지만, 이차적 고통을 없애기 위해 무엇을 해야 할지 몰라 불안이나 회의감이 생길 수 있다. 이제 통제할 수 있는 것에 집중하고 통제할 수 없는 것은 받아들이는 방법을 배우게 될 것이다. 행동 패턴은 바꾸기 어려울 수 있다. 하지만 익숙한 행동을 바꾸고 새로운 행동을 채택해야 할 설득력 있는 이유를 내가 제시한다면 어떨까? 계속 읽어보자.

창조적 절망감: 피할 수 없는 고통을 수용하기

우리는 각자 자신의 대처행동을 확인했고, 이러한 행동이 관계를 개선하기는커녕 고통만 더했음을 알게 되었다. 핵심신념과 관련된 고통을 피하려는 노력이 오히려 더 많은 문제와 고통을 초래한 것이다. 사람들에게서 고립됨, 분노 폭발, 버림받기 전에 먼저 떠남, 타인에 대한 통제 등이 이에 해당한다. 핵심신념으로 인한 고통을 통제하거나 최소화하려는 시도는 모두 헛수고라는 것을 이제 알겠는가? 필연적이고 피할 수 없는 일차적 고통에서 도망쳐도 소용이 없다면 대안은 뭘까?

내가 만일 당신에게 도망치지 말라고 한다면 어떨 것 같은가? 해답이 고통 속에 있다고 한다면? 발버둥치고 싸우기를 멈추고 핵심신념으로 인해 힘든 감정을 한번 느껴보라고 한다면 어떨까? 나는 당신에게 이제 포기하고 패배를 인정하라고 말하고 싶다. 타고난 고통, 필연적이며 불가피한 고통에 맞서 싸우던 방식은 과거에도 효과가 없었고 앞으로도 절대 효과가 없을 것이다.

받아들이기 힘들 것이다. 이 고통을 삶의 일부로 받아들여야 하며, 통제할 방법이 없다는 사실에 슬퍼질 수도 있다. 하지만 좋은 소식이 있다. 핵심신념으로 인한 고통스러운 감정을 없애기 위해 노력했던 모든 반응행동은 이제 더 이상 필요하지 않다! 비효율적이고 감정 소모적인 방식을 버릴 수 있다니 얼마나 후련한가. 현재의 행동이 효과가 없다는 것을 당신도 이미 알고 있다. 이제는 효과적인 해결책을 시도해야 한다. 『왜? 당신이 누구이고 왜 여기에 있는지 삶이 알려주는 것Why? What Your Life Is Telling You about Who You Are and Why You're Here』에서 저자는 고통이 자신에게 귀 기울이게 하는 초대장이자 모든 배움의 원천이라고 말한다. 핵심신념과 관련된 고통을 관리하려고 해왔던 일들이 효과가 없음을 마음 깊이 받아들이는가? 그 고통을 멈추려는 시도가 오히려 가까운 사람들에게 더 큰 고통을 주었다는 사실을 인정하고 받아들일 수 있는가? 그렇다면 새로운 방식을 선택할 수 있다.

어떻게 이렇게 극적인 변화를 할 수 있을지 궁금할 것이다. 핵심신념이 촉발될 때마다 고통에 반응하던 것에서 고통에 발버둥치지 않고 관찰하는 상태로 바뀌는 변화 말이다. 먼저 자신의 경험을 일시적인 것으로 보기 시작해야 한다. 경험은 일시적이다. 당신이 날씨가 아닌 하늘이라고 상상해 보자. 러스 해리스Russ Harris에 따르면, 이 비유는 불교, 도교, 힌두교의 가르침에서 발견할 수 있다. 비유는 다음과 같다. 하늘은 항상 그 자리에 있으며 끊임없이 변화하는 날씨를 품고 있다. 폭풍, 어둠, 구름,

눈, 비, 햇빛, 바람 같은 것이 날씨다. 바람, 폭풍, 비, 햇빛이 오고 가는 동안, 하늘은 변함없이 그대로 있고 모든 변화를 기꺼이 받아들인다.

이제 자기 자신을 하늘이라고 상상해 보자. 나는 끊임없이 변하는 개인적인 사건들을 품고 있다. 이제 하늘이 날씨를 받아들이고 관찰하듯이, 당신도 자신의 감정을 받아들이고 관찰한다고 상상해 보자. 애쓰거나 바꾸려 하지 않으면서 모든 '날씨'를 관찰할 수 있는가? 몸에서 느껴지는 감각, 머릿속의 생각, 밀려왔다가 사라지는 감정들을 관찰할 수 있는가? 핵심신념이 촉발될 때 떠오르는 고통스러운 생각과 감정은 마치 거센 폭풍과 같다. 하지만 폭풍은 잦아들고 결국엔 지나간다. 시간이 지나면 공기도 맑아질 것이다. 하늘처럼 날씨에 저항하지 않을 수 있을 것 같은가? 고통스러운 생각과 감정은 날씨처럼 나타났다가 사라질 것이다. ACT는 생각의 진실 여부보다 그 생각이 유익한가에 더 집중한다. 부정적인 생각은 항상 존재할 것이다. 긍정적인 생각으로 부정적인 생각을 매번 물리칠 수는 없다. 그러니 하늘이 날씨를 받아들이듯이 부정적인 생각을 받아들이자.

▸ 편안하게 앉아 눈을 감는다(눈을 뜨고 싶다면 시선을 한 곳에 고정한다).

▸ 이제 당신이 하늘이라고 상상한다. 생각과 감정이 떠오를 때, 그것들이 날씨처럼 지나가는 것을 지켜보자.

▸ 생각과 감정(날씨)을 없애려고 하지 않는다. 이를 있는 그대로 인정하고 그것들이 일시적임을 인식한다. 때로는 폭풍처럼 보일 때도 있고, 때로는 약간 흐리거나 맑을 때도 있을 것이다. 그저 지나가게 두자. 그러고 나서 마치 새로운 날씨가 오듯 다음 생각과 감정이 당신을 스쳐 지나가는 것을 지켜보라.

▸ 특정한 생각이나 감정에 사로잡히기 시작하면, 그것을 놓아주고 당신은 하늘이며 그것은 단지 날씨일 뿐임을 떠올린다.

▸ 긍정적인 생각이나 감정이 떠올라도 놓아준다. 날씨는 날씨일 뿐이다.

이 은유와 연습을 통해 생각과 감정이 오가는 것을 어떻게 받아들여야 하는지 익힐 수 있다. 생각과 감정의 흐름에 익숙해져서 이에 얽매이지 않도록 해야 한다.

이제 당신이 새로운 길을 계속 가도록 도와줄 수 있는 것이 무엇인지 궁금할 것이다. 무엇이 익숙한 대처행동으로 돌아가지 않도록 막아줄까? 핵심신념이 촉발되고 부정적인 감정(두려움, 슬픔 등)과 끔찍한 생각들('그가 나를 떠날 거야', '나는 혼자 죽을 거야' 등)이 밀려올 때, 당신에게는 상황을 어떻게 다룰지 선택할 자유가 있다. 예전처럼 행동할 것인가? 아마 그동안 당신의 습관이 효과적이지 않았기 때문에 이 책을 읽고 있을 것이다. 그렇다면 새로운 시도를 해볼 텐가? 옳고 그름, 좋고 나쁨은 없다. 결과가 중요하다. 결과에 만족하지 못한다면 새로운 방법을 시도할 때다. 정답은 목표에 더 가까워지는 방식으로 행동하는 것이다. 이제 당신의 가치를 확인할 시간이다.

나의 가치에 부합하는 행동

이것은 내가 ACT에서 정말 좋아하는 부분이다. 누구에게나 핵심신념이 있듯이, 우리는 모두 핵심가치를 지니고 있다. 안타깝게도 핵심신념이 촉발되는 상황에 처하면, 우리는 자신의 가치관과 일치하지 않는 방식으로 행동하게 된다. 최근 데이트 리얼리티 쇼를 보면서 이런 예를 본 적이 있다. 멋진 남자의 마음을 사로잡으려 경쟁하던 여성 중 한 명이 좌절감을 느껴 헤어 스타일리스트에게 화를 냈는데, 알고 보니 스타일리스트가 그의 여동생이었다. 당연히 그녀의 행동은 남자에게 전해졌다. 두 사람이 대면했을 때 그녀는 겁에 질려 사과하며 이렇게 말했다. "그건 내 본모습이 아니에요. 평소에는 그렇게 행동하지 않아요. 그 행동은 내 신념과 일치하지 않아요." 이 말이 내게 와 닿았다. 분명히 그녀는 핵심신념이 촉발되는 상황에 있었고, 그 결과 자신의 가치관과 잘 맞지 않는 방식으로 행동하게 되었다. 이런 일은 누구에게나 일어날 수 있다. 하지만 자신의 핵심가치를 확인하고 이에 집중하면, 가치에 기반한 방식으로 살아가고 관계를 맺을 수 있다. 핵심신념이 촉발되면, 감정에 너무 압도되어 자신의 가치관을 고려하지 않은 채 반응할 수 있다.

이것이 바로 행동을 변화시키는 동기다. 자신의 핵심가치를 인식하고 가치 중심으로 살기로 결심하면, 핵심신념에 기반한 행동으로 되돌아가는 것을 멈출 수 있다. 자신의 가치관을 확인하고 평가할 때, 이 가치관은 개인적이라는 것을 명심하자. 사회적 규범, 중요하게 여겨야 한다고 '생각하는' 것, 타인의 기대 등에 따라 결정하지 않아야 한다.

여기서 중요한 점은 인생에서 보장되는 건 아무것도 없다는 것이다. 우리가 자신의 가치관에 따라 행동하더라도 모든 일이 항상 뜻대로 되지는 않는다. 나쁜 소식일 수 있다. 하지만 좋은 소식은, 일이 잘 풀리는 경우가 더 많아지고 자신의 행동과 상호작용에 대해 더 긍정적인 감정을 느낄 수 있다는 것이다. 왜냐하면 당신의 반응이 이전 행동보다 더 유익하고, 자신의 가치관에 더 부합하기 때문이다.

나의 가치관을 확인하기

가치관을 확인하는 것은 행동을 바꾸기 위한 계획의 출발점이다. 우리의 가치관은 행동 변화를 성공적으로 이끄는 원동력이 될 것이다. 여기 다양한 가치가 포함된 목록을 제시했지만, 완전하지는 않으므로 자신만의 가치를 추가해도 좋다.

확인한 가치를 일지에 기록하고, 중요도에 따라 별의 개수로 표시한다(★중요함, ★★매우 중요함, ★★★가장 중요함).

가치 목록

가족 Family	감사 Appreciation	강렬함 Intensity
강점 Strength	개방성 Open-mindedness	개성 Individuality
건강 Health	격려 Encouragement	결단력 Determination
겸손 Humility	경외심 Reverence	경이로움 Wonder
공감 Empathy	공동체 Community	공유 Sharing
공정성 Fairness	관대함 Generosity	규율 Discipline
균형 Balance	근면 Diligence	기부 Giving
기쁨 Joy	기여 Contribution	깊이 Depth
끈기 Perseverance	낙관주의 Optimism	눈치 Perceptiveness
단순함 Simplicity	도움 Helpfulness	독립 Independence
동기 Motivation	동료애 Camaraderie	동정 Sympathy
두려움 없음 Fearlessness	따뜻함 Warmheartedness	마음챙김 Mindfulness
만족 Contentment	맹렬함 Fierceness	명예 Honor
명확성 Clarity	미덕 Virtue	비전 Vision
사랑 Love	사려 깊음 Thoughtfulness	상상력 Imagination
성공 Success	성숙 Maturity	성실성 Integrity
성욕 Sexuality	성장 Growth	성찰 Reflection
성취 Accomplishment	소속감 Belonging	수용 Acceptance
숙달 Mastery	숙련도 Skillfulness	시간 엄수 Timeliness
신념 Faith	신뢰 Credibility	신용 Trust
신중함 Carefulness	실용주의 Pragmatism	안전 Security
안정성 Stability	애정 Affection	에너지 Energy
연결 Connection	연민 Compassion	솔직함 Openness

열망 Desire	열정 Enthusiasm	영감 Inspiration
영성 Spirituality	예의 Courtesy	완성 Completion
대담함 Bravery	용기 Courage	우아함 Grace
우정 Friendship	유능함 Competence	유머 Humor
유연성 Flexibility	유용성 Usefulness	능숙함 Fluency
의무 Duty	의미 Meaning	의지 Willingness
의지력 Willfulness	이타심 Selflessness	이해 Understanding
인내 Endurance	인식 Awareness	일관성 Consistency
자각 Consciousness	자기 성찰 Introspection	자기 존중 Self-respect
자기주장 Assertiveness	자립 Self-reliance	자신감 Confidence
자원봉사 Volunteering	자유 Freedom	자제력 Self-control
장난기 Playfulness	장수 Longevity	재미 Fun
적응력 Adaptability	절제 Restraint	젊음 Youthfulness
접근성 Accessibility	정신력 Fortitude	정직 Honesty
조화 Harmony	존경 Respect	존재 Presence
주의 깊음 Attentiveness	즐거움 Enjoyment	지능 Intelligence
지도 Guidance	지략 Resourcefulness	지식 Intellect
지원 Support	지혜 Wisdom	진실 Truth
진실성 Sincerity	집중력 Focus	차분함 Calmness
참여 Involvement	창의력 Creativity	책임감 Responsibility
철저함 Thoroughness	체계화 Organization	체력 Fitness
추진력 Drive	충성, 의리 Loyalty	친근감 Approachability
친밀함 Intimacy	친절 Kindness	침착함 Composure
쾌적함 Pleasantness	쾌활함 Cheerfulness	탁월함 Excellence

Love Me
Don't Leave Me

탐구심 Inquisitiveness	통찰력 Insightfulness	팀워크 Teamwork
평화 Peace	표현력 Expressiveness	학습 Learning
합리성 Reasonableness	행복 Happiness	헌신 Commitment
협력 Cooperation	호기심 Curiosity	확신 Assurance
활기 Liveliness	활력 Exuberance	회복력 Resilience
효과성 Effectiveness	효율성 Efficiency	휴식 Relaxation
흥분 Excitement	희망 Hopefulness	

　　가치관이 정말 확고하다면 목록을 작성하기 쉬울 수 있지만, 지금까지 행동과 가치관이 분리된 채 살았다면 어려울 수도 있다. 시간을 충분히 들여 목록을 작성하자.

　　다음 단계는 가치를 결심 intention과 연결하는 것이다. 결심은 가치를 드러내는 행동이다. 행동하려는 결심은 관계에서 자신이 원하는 모습이 되고, 중요한 일을 실행하겠다는 자신과의 약속이다. 이 과정에서 앞서 확인하고 논의한 장애물들, 즉 생각과 감정에 직면하게 될 것이다. 이는 가치에 따라 살겠다는 결심에서 멀어지게 하는 고통스러운 방해물일 수 있다.

　　일지에 각 가치와 그 가치에 대한 결심을 작성해 보자. 예시는 다음과 같다.

가치	결심
개방성	숨기지 않고 나의 일부를 드러낸다.
용기	버림받을까 봐 두렵더라도 물러나지 않는다.
연결	거리를 두지 않고 다른 사람들과 의미 있는 접촉을 한다.
호기심	이해되지 않는 부분이 있을 때 명확히 물어본다.
마음챙김	과거에 얽매이거나 미래를 걱정하지 않고 현재에 머무른다.

이 연습을 완료한 후 어떤 느낌이 드는가? 어떻게 살고 싶은지 더 명확해졌는가? 가치와 결심이 삶을 올바른 길로 인도하고 오래 지속되는 관계를 구축하려는 목표에 가까워지게 한다는 것을 알게 되었는가?

6장과 7장에서는 관계에서 겪는 괴로움, 불안, 고통을 관리하는 데 도움이 되는 새로운 기술과 도구를 배울 것이다. 해로운 반응행동을 가치 중심의 행동으로 대체하면 관계는 개선되겠지만, 과거의 핵심신념에서 비롯된 고통은 사라지지 않는다. 자신의 가치관을 지키면서 고통스러운 감정과 생각을 다루는 법을 익히면 새로운 길로 계속 나아갈 수 있다. 여정은 계속된다.

Love Me
Don't Leave Me

무슨 생각을 하고 있었지?

관계를 방해하는 부정적인 생각 다루기

마음과 줄다리기를 한다고 상상해 보자.

마음속에서 생각을 끌어내려고 애쓸수록

마음은 그 생각들을 붙잡아 두려고 더 강하게 당길 것이다.

유일한 해결책은 당기기를 멈추고 줄을 내려놓아

마음을 통제하려는 시도를 멈추는 것이다.

♥ ♥ ♥

앞서 5장까지 핵심신념에 대해 배우면서 자신의 핵심신념이 무엇인지, 그리고 이를 촉발하는 사람과 상황이 무엇인지 확인했다. 핵심신념 촉발사건에 대한 반응을 알아보고, 마음챙김이 현재에 머무르는 데 어떤 식으로 도움이 되는지도 알아봤다. 또한 변화를 위한 동기로서 가치관의 중요성을 발견했다. 이제 다음 세 장에 걸쳐 부정적인 생각과 감정이 우리에게 어떤 영향을 줘서 해로운 행동을 촉발하는지 살펴보려고 한다. 해로운 생각, 감정, 행동은 모두 우리가 맺는 관계와 삶의 질에 부정적인 영향을 준다. 상황과 타인을 통제하려고 하면 좌절감과 고통이 따른다. 해로운 행동을 살펴보는 동안, 핵심신념에서 비롯된 고통에 대

Love Me
Don't Leave Me

응하는 괴롭고 파괴적인 방식에서 벗어날 방법이 있음을 깨닫게 될 것이다. 건강하고 만족스러운 관계로 한 걸음 더 나아갈 준비가 되었는가? 계속 읽어 보자.

부정적인 생각 다루기

이제 생각에 대해 더 심도 있게 이야기해 보자. 부정적인 생각이란 핵심신념과 같아서 절대 사라지지 않는다. 따라서 해로운 생각이 떠오를 때 이를 다루는 새로운 방법을 개발해야 한다. 이전 장에서 현재의 행동은 원하는 바를 성취하는 데 도움이 되지 않음을 인식했을 것이다. 핵심신념에 의해 촉발된 행동은 관계에 문제를 일으키는데, 이것은 '행동적 장벽'이다. 핵심신념에 기반한 행동에서 가치에 기반한 행동으로 전환하려고 최선을 다할 때도 여전히 부정적인 생각과 마주하게 될 것이다. 이 생각들은 관계를 방해하는 '인지적 장벽'이다.

부정적인 생각에 이전과 다른 방식으로 대응하려면, 생각을 더 잘 인식하고 그 작동 방식을 이해해야 한다. 먼저, 핵심신념에 기반한 생각을 세 가지 범주로 나눠보겠다.

1. 과거 경험을 바탕으로 한 **예측**(버림받음, 상처, 거부, 실패에 관한 생각 등이 포함된다)

2. 과거의 상실이나 실패에 대한 **기억**

3. 자신과 타인에 대한 **부정적인 판단**

'그가 나를 떠날 거야', '그는 병들어 죽을 거야'. '아무도 나를 이해하지 못할 거야'와 같은 생각은 핵심신념 행동(투쟁, 도피, 경직, 강요)을 촉발한다. '버림받음' 핵심신념으로 고통받고 있다면, 조그만 거부의 징후만 보여도 상실과 버림받음을 예측하게 된다. 우리는 누구도 이런 생각을 멈출 수 없다. 생각은 계속해서 떠오르기 때문이다.

떠오르는 생각에 관해 이야기하자면, 생각을 팝콘 기계 안의 팝콘 알갱이로 생각하면 개념화하는 데 유용하다. 마음을 절대 꺼지지 않는 팝콘 기계라고 상상해 보자. 생각은 계속해서 튀어나오고 우리는 그것들을 차단하거나 멈출 수 없다. 마음은 언제든지 원하는 생각을 계속 만들어 낸다. 마치 팝콘 알갱이가 끝없이 공급되는 팝콘 기계처럼 말이다. 부정적이거나 해로운 생각이 머릿속에 떠오르지 못하게 아무리 애써도 결국에는 막지 못할 것이다. 사실 그런 생각과 싸우려 할수록 더 강력한 반작용만 생길 뿐이다. 그리고 결국 그 생각이 이기게 된다. 인간의 부정성 편향negativity bias °은 너무나 강력한 탓에 어떤 긍정적 생각으로도 맞서 싸울 수 없다.

부정적인 생각과 싸우고 발버둥 쳐봤자 헛수고다. 우리가 마음mind을 상대로 줄다리기한다고 상상해 보자. 마음속에서 생각을 끌어내리려고 애쓸수록, 마음은 그 생각들을 붙잡아 두려고 더 강하게 끌어당길 것이다. 마음은 끊임없이 기억하고, 예측하고, 판단하려 한다. 유일한 해결책은 당기기를 멈추고 줄을 내려놓아 마음을 통제하려는 시도를 멈추는 것이다. 생각은 언제나 존재하며, 때로는 고통스럽고 방해가 될지라도 생각이 그냥 오가도록 내버려 둬야 한다는 사실을 받아들이자.

당신은 부정적인 생각에 사로잡히거나(아마도 여러 번 그랬을 것이고, 그것이 도움이 되지 않음을 알고 있을 것이다) 이를 밀어낼 수 있지만, 알다시피 그 생각은 항상 되돌아온다. 핵심신념이 일으키는 생각은 호전적이고 우리를 전투에 끌어들이고 싶어 한다. 사실, 부정적인 생각은 이 전투를 통해 더 강해지는 듯하다. 주의를 다른 곳으로 돌리는 것은 일시적으로 효과가 있을지 모르지만, 결국엔 되돌아오고야 만다. 약물, 알코올, 위험한 성행위,

---

○ 긍정적인 정보보다 부정적인 정보를 더 주목하거나 오래 기억하는 경향을 의미한다. 이는 인간의 생존 본능과 관련이 있는데, 예로부터 위험한 상황을 재빨리 감지하고 피하는 것이 생존에 유리했기 때문이다.

도박, 쇼핑 등으로 감정을 무디게 하려 해도 부정적 생각은 되돌아오고, 이러한 대처행동 때문에 자신에 대해 부정적인 생각을 더 많이 하게 될 가능성이 크다.

생각을 다룰 때 사용할 수 있는 **분산**(힘을 없애거나 최소화함) diffusion의 세 가지 기술은 관찰, 이름 붙이기, 떠나보내기다.

생각 관찰하기

4장의 마음챙김 연습을 통해 자신의 마음과 생각을 더 잘 인식하게 되었을 것이다. 단순히 생각을 **관찰**watching함으로써 핵심신념과 자동적인 반응행동을 촉발하지 않은 채 현재 상황을 바라볼 수 있다. 생각은 단지 일시적인 경험이며, 이차적 고통을 유발하는 반응행동을 할 필요가 없음을 기억하자. 판단 없이 생각을 관찰하면 현재를 더 잘 인식할 수 있다. 생각 관찰은 4장에서 소개한 '마음챙김 집중 연습'의 일환이다. 이 부분을 다시 참고하고 매일 연습해 보자.

생각에 이름 붙이기

'**이름 붙이기** labeling'는 수용전념치료에서 생각을 분산시키는 주요 방법이다. 생각을 알아차리고 수용하면 이를 무력화할 수 있다. 더 이상 그 생각을 자신이나 상황에 대한 정확한 진술이나 진실로 받아들이지 않게 된다. 그저 마음을 스쳐 지나가는 생각일 뿐이다. 핵심신념에 기반한 생각들은 자주 머릿속에 떠오른다. 그런 생각에 이름을 붙인다고 상상해 보자. '이것은 내가 나보다 더 나은 사람에게 버림받을 거라는 생각이야', '이것은 내가 실패할 거라는 생각이야', '이것은 내가 배신당할 거라는 생각이야'라고 생각을 정확히 불러주기만 하면 된다. 또는 '이것은 버림받는 생각', '이것은 실패하는 생각', '이것은 불신과 학대의 생각'처럼 단순하게 이름 붙일 수도 있다. 또는 '이것은 버림받음 핵심신념이야', '이것은 실패 핵심신념이야', '이것은 불신과 학대 핵심신념이야'와 같이 핵심신념의 범주로도 식별할 수 있다. 이 중 자신에게 잘 맞는 방식을 선택하자.

특정 사람에 대해 반복적인 생각이 든다면, 니나가 하는 방법을 따라 해보자. 니나는 '버림받음'과 '결함'의 핵심신념을 가지고 있다. 그녀는 상황이 잘 풀릴 때 해로운 생각을 하는 경향이 있다. 몇 년 전, 그녀는 자신에게 친절하고 조건 없이 사랑해주는 멋진 남자와 사랑에 빠졌다. 니나는 어머니가 함께 기뻐해주길 바라며 남자친구에 대한 설렘을 이야기했다. 그러나 어머니는 "도대체 무슨 수를 썼길래 그렇게 멋진 남자가 너를 만나니?"라고 반응했다. 니나는 큰 상처를 받았다. 이제는 그런 고통스럽고 해로운 생각이 들 때면 '또 엄마가 등장했네!'라고 말하며 이를 수용한다.

생각에 이름 붙이기

핵심신념에 기반한 생각은 특히 핵심신념을 촉발하는 사건을 경험할 때 자주 떠오를 것이다. 이러한 생각을 완전히 없앨 수는 없으므로 단순히 이름을 붙이면서 분산시켜 보자. 반복되는 해로운 생각들을 일지에 기록하고 각각의 생각에 이름을 붙인다. 다음과 같은 다양한 기술을 시도해 보자.

- 생각을 있는 그대로 부르기: 이것은 '언젠가 아침에 일어났을 때 그가 없을까 봐 두렵다'는 내 생각이다, 이것은 '진짜 내 모습을 드러내는 것이 걱정된다'는 내 생각이다.
- 이름 붙이기: 이것은 내 '결함'의 생각이다.
- 핵심신념으로 분류하기: '버림받음', '불신과 학대', '정서적 박탈', '결함', '실패'

Love Me
Don't Leave Me

생각 떠나보내기

생각을 분산하는 세 번째 기술은 '생각 떠나보내기'다. 생각을 떠나보내는 연습을 할 때, 실제로 생각이 떠나고 결국에는 사라지는 장면을 시각화하면 도움이 된다. 생각을 특정 물체에 대입하는 것도 이를 쉽게 만드는 방법이다. 자신에게 가장 효과적인 이미지를 사용하자. 예를 들어, 제니퍼는 매주 출퇴근하며 도로에서 많은 시간을 보낸다. 그녀에게는 도로 표지판 이미지가 와닿아서 운전할 때 표지판 위에 생각이 떠 있다고 상상한다. 그다음 표지판을 지나치면서 생각을 떠나보낸다. 이와 비슷하게 토니는 업무와 여가 목적으로 비행기를 자주 타는데, 비행 중 지나치는 구름 위에 생각이 떠 있는 모습을 상상한다.

생각 떠나보내기 연습

이제 해로운 생각을 놓아주는 연습을 해보자. 눈을 감고 당신의 생각이 도로 표지판이나 구름 위에 놓인 모습을 상상해보자. 아니면 다음과 같은 방법을 시도해도 좋다.

- 생각이 시냇물을 따라 떠내려가는 나뭇잎에 실려 있는 모습을 상상한다.
- 생각이 줄을 놓아 날아가는 풍선에 실려 떠나가는 모습을 상상한다.
- 생각이 산에서 굴러 떨어지는 바위에 놓여 있는 모습을 상상한다.

이 밖에 당신에게 잘 와닿는 이미지를 떠올려 보자. 예를 들어, TV 화면 하단에 흘러가는 뉴스 자막처럼 관심사나 익숙한 대상을 활용할 수도 있다.

생각을 떠나보낼 수 있는 이미지를 일지에 기록해 보자.

생각은 그 자체로 생명력이 있음을 기억하자. 생각을 통제하거나 사라지게 할 수는 없다. 무시하려고 하면 오히려 계속 떠오를 것이다. 해결책은 간단하다. 생각을 인정하고 놓아줘라. 관찰, 이름 붙이기, 떠나보내기를 연습하자. 생각은 다시 돌아오겠지만, 그때도 똑같이 하면 된다. 관찰, 이름 붙이기, 떠나보내기에 익숙해지면 어떤 생각은 특히 더 강력하고, 괴롭고, 방해가 된다는 것을 알게 된다. 이러한 생각을 식별하고 자세히 살펴보는 것이 중요하다.

니나를 괴롭히던 "도대체 무슨 수를 썼길래 그렇게 멋진 남자가 너를 만나니?"라는 생각을 기억하는가? 이 생각은 어머니의 말을 그대로 인용한 것이다. 니나는 이 생각과 이에서 변형된 '너는 자격이 없어'와 '너는 가치가 없어'와 같은 생각이 만족스러운 관계에서 자주 떠오른다는 사실을 깨달았다. 문제는 니나가 자신에 대한 어머니의 신념을 받아들이고 있다는 점이다. 이 때문에 종종 니나는 관계를 망치는 결과를 자초했다. 특히 괴로운 생각을 다룰 때는 이를 더 자세히 살펴보고 거리를 두려는 노력을 쏟아야 한다.

괴로운 생각과 거리 두기

니나와 마찬가지로 대부분의 사람들은 자신의 핵심신념과 관련된 해로운 생각을 갖고 있다. 그리고 니나처럼 온갖 노력에도 불구하고 사라지지 않는 매우 괴로운 생각이 있을 수 있다. 특히 괴로운 생각은 우리가 계속해서 해로운 방식으로 반응하게끔 만든다. 아무리 노력해도 소용없는 것 같고, 어떻게 해야 할지 막막하다고 느낄 수 있다. 당신은 그 생각을 수용하고, 관찰하고,

이름을 붙이고, 떠나보내려고도 했을 것이다. 하지만 때로는 여전히 부정적인 방식으로 반응할 때가 있다. 이럴 때는 특히 자신의 가치를 안내자로 삼는 것이 유익하다.

괴로운 생각과 거리 두기 위해 가치를 활용하기

5장에서 우리는 자신이 중요하게 여기는 가치를 확인했다. 중요한 가치 목록을 다시 살펴보자. 그다음 당신을 계속 괴롭히는 괴로운 생각을 떠올려 본다. 그 생각들은 당신이 가치에 따라 행동하는 것을 방해한다. 이 생각들이 무엇인지 적어 보자.

이제 이 괴로운 생각을 더 자세히 살펴볼 차례다. 일지에 다음 질문에 답해 보자.

▸ 이 생각이 처음 떠오른 것은 언제인가?

▸ 이 생각이 나의 행동에 어떤 영향을 미치는가?

▸ 이 생각이 나의 관계에 어떤 피해를 주었는가?

▸ 이 생각을 수용하면서도 중요시하는 가치에 따라 행동할 수 있는가?

생각을 분석하고 그것이 과거의 경험에서 비롯되었음을 인식함으로써 생각과 더 멀어지는 것이 느껴지는가? 당신을 힘들게 하는 생각들이 가치 중심의 삶을 방해한다는 사실을 알 수 있는가?

니나가 이 질문에 어떻게 답했는지 살펴보자.

▸ 이 생각이 처음 떠오른 것은 언제인가?

내가 충분하지 않다는 믿음은 어린 시절로 거슬러 올라간다. 하지만 그 믿음을 내게 확실히 주입시킨 것은 어머니의 말이었다. 당시 나는 이십대 초반이었는데, 사십대 초반인 지금도 그 믿음은 여전히 강력하다.

▸ 이 생각이 나의 행동에 어떤 영향을 미치는가?

이 생각 때문에 내 진정한 모습을 숨기게 된다. 진짜 내 모습을 보여주었을 때 상대방이 나를 결함 있고 변변치 못한 사람으로 보고 떠날까 봐, 그래서 상처받을까 봐 두렵기 때문이다.

▸ 이 생각이 나의 관계에 어떤 피해를 주었는가?

이 생각은 계속 나에게 고통을 준다. 진짜 모습을 숨기느라 너

무 많이 애쓰기 때문에 진정하고 솔직한 관계를 맺는 데 방해가
된다.

▸ 이 생각을 수용하면서도 중요시하는 가치에 따라 행동할
수 있는가?

그렇다. 나는 진정한 관계를 맺기 위해 타인에게 마음을 여는 데
필요한 행동에 전념하고 있다.

고통스러운 생각은 우리 이야기의 일부이다. 4장에서 플라
톤의 '동굴의 비유'를 통해 이야기로부터 거리를 두었던 것처럼,
우리 이야기의 일부인 고통스러운 생각과 거리 두기를 할 수 있
다. 거리를 두면 우리의 이야기와 생각이 도움이 되지 않음을 알
수 있다. 고통스러운 생각은 우리의 가치에 부합하지 않고, 삶이
나 관계를 개선해 주지도 않는다. 지금까지 과거의 이야기와 생
각이 우리 삶을 이끌어 왔다. 거리를 두고 올바른 시각에서 바라
보면 관계 속에서 어떤 사람이 되고 싶은지, 어떤 행동을 할지
선택할 수 있는 여유가 생긴다.

한편, 우리 내면의 비판자가 부정적인 생각에 해설을 덧붙
일 때도 생각은 이야기에 갇히게 된다. 이제 내면의 비판자가 하
는 역할을 살펴보자.

Love Me
Don't Leave Me

내면의 비판자: 생각의 서술자

우리는 모두 마음속에 상주하는 이 적에 대해 잘 알고 있다. 그는 초대받지 않았는데도 나타나서 온갖 잘못된 말을 한다. 와인한 병이나 초코칩 쿠키 아이스크림 한 통으로 진정시키려 해도 소용없고, 친절한 말로 응수하려고 해도 헛수고다. 그의 존재와 그가 일으키는 감정적 고통에 익숙해졌다고 생각하는 순간, 한 단계 더 큰 타격을 준다. "지금 기분이 나쁘다고? 더 나쁘게 만들어 주지!" 그렇다, 이게 바로 우리 내면의 비판자다. 누구나 내면에 비판자가 있다. 내면의 비판자는 파괴자이자 고통스러운 이야기를 생생하게 만드는 서술자다. 그는 우리의 스노우볼을 흔든다. 그는 당신에게 상처를 준 사람들처럼 말할 수 있고, 과거의 경험을 떠올리게 하여 핵심신념을 지속시킨다.

"이 사람을 믿지 마! 지난번에 사귀었던 사람도 너를 배신했잖아." ('불신과 학대' 핵심신념)

"그가 너한테서 멀어지는 것 같아. 바로 전에도 이런 느낌이 들었을 때 그가 너를 떠났잖아!" ('버림받음' 핵심신념)

"그가 직장 동료와 이야기하는 것을 봐! 저 여자가 너보다 직책도 더 높잖아. 그가 더 잘난 사람을 찾아 떠나는 건 시간문

제야!" ('실패' 핵심신념)

"그는 아직 너에게 사랑한다고 말하지 않았어. 아마 절대 말하지 않을 거야!" ('정서적 박탈' 핵심신념)

"그에게 진짜 모습을 보여주지 마. 진짜 모습을 알게 된 전 남자친구도 너한테 다시는 연락하지 않았어!" ('결함' 핵심신념)

어째 익숙한 소리인가?

핵심신념이 촉발되는 경험을 하고 있다면, 내면의 비판자는 해결책으로 가는 지름길을 제시하며 빠르게 당신의 주의를 끌 것이다. 그러나 그를 따라가면 결국 관계의 함정에 빠지게 된다. 내면의 비판자는 가치나 건강한 관계에 도움이 되지 않는다. 그러니 이제 내면의 비판자를 없애 버리자!

하지만 안타깝게도 그게 그렇게 간단하지 않다. 마음속에서 부정적이거나 불쾌한 부분을 없애는 것은 좋은 생각처럼 보인다. 이는 짐 캐리Jim Carrey와 케이트 윈슬렛Kate Winslet이 출연한 영화 <이터널 선샤인>을 떠올리게 한다. 그들은 격동적인 관계를 맺고 있으며, 여주인공은 그 관계를 잊고 싶어 한다. 그래서 그녀는 둘 사이의 나쁜 기억을 지우는 과정을 거치지만, 그러려면 그들이 함께 보낸 모든 기억도 지워야만 한다. 남자는 그녀가 이 서비스를 받았다는 사실을 알고, 자신도 그렇게 하기로 결심한다. 그러나 이 과정에서 함께한 시간 속에 좋은 추억도 있음을 깨닫는다. 그는 감정적으로 고통스러운 부분을 견뎌내야 할지라도 그 기억들을 지우고 싶어 하지 않는다.

불쾌하고 고통스러운 기억은 즐거운 기억과 공존하기에 우리는 이 모든 것을 받아들이는 법을 배워야 한다. 내면의 비판자를 없애는 것은 불가능하다. 그렇다면 어떻게 해야 할까? 내면의 비판자가 계속해서 마음과 관계에 함정을 놓을 때, 어떻게 앞으로 나아갈 수 있을까? 핵심신념의 맥락에서 알게 된 자신에 대한 지식을 바탕으로 어떻게 대처할 수 있을까? 생각, 감정, 행동충동에 대한 자기 인식과 자신이 추구하는 핵심가치를 확인하고 그 가치에 따른 행동에 전념하려면 어떻게 해야 할까? 바로 자기자비를 길러야 한다.

자기자비

우리는 자기 자신에게 자비로워지는 법을 배워야 한다. 아마 자비가 낯설지는 않을 것이다. 당신은 가족이나 친구들에게 자비를 베푼 적이 있을 것이다. **자비**compassion는 매우 힘든 시기를 겪는 타인의 고통을 덜어주고자 건네는 공감이다. 주로 고통을 없애는 데 중점을 둔다. 그렇다면 **자기자비** self-compassion란 무엇일까? 이는 자기 자신에게 친절하고, 자신을 돌보고, 고통을 덜어주는 행동이다. 또한 내면의 비판자가 건네는 생각과 감정과 함께하되, 이를 자신과 동일시하거나 과거 이야기를 지속시키는 데 사용하지 않는 것을 말한다.

자기자비를 기르는 가장 쉬운 방법 중 하나는 내면의 어린아이를 찾는 것이다. 상처받고 연약한 아이에게 마음이 쓰이고, 위로해 주고, 고통을 덜어주고 싶은 마음이 드는 것은 자연스러운 일이다. 이 책의 1~2장에서 알 수 있듯이, **당신도** 한때 상처받고 연약한 아이였다. 상처받은 아동기와 청소년기의 경험으로 형성된 핵심신념이 촉발될 때, 당신은 종종 그 아이와 같은 감정을 느낀다. 그 아이는 여전히 당신의 일부이며, 사랑과 친절을 갈망한다. 내면의 비판자가 건네는 해로운 말과 고통에서 벗어나 평온을 찾고 싶어 한다. 이 내면아이를 연민으로 대할 수 있는가? 내면의 비판자로부터 내면아이를 보호하는 것이 상상되는가? 그렇다면 '자기 self'에 대한 자비를 기르는 첫걸음을 내디딜 수 있다.

자기자비를 실천한다는 것은 자신을 부드럽게 대하고, 내면의 비판자와 자신을 괴롭히는 부정적인 말들과 거리를 두는 것이다. 이런 말들은 버림받는 두려움과 자신이 무가치하고 부족

Love Me
Don't Leave Me

하다는 느낌을 강화한다. 내면의 비판자와 감정적 거리를 두기 위해 비판자가 왜 도움이 되지 않는지 살펴보자.

내면의 비판자는 당신의 모든 실수를 확대한다. 이는 같은 실수를 반복하지 않도록 하기 위함이다. 그런데 문제는 비평이 너무 가혹해 자신에 대해 부정적으로 느끼게 된다는 것이다. 그래서 이전에 했던 실수의 근처에도 가지 않으려고 지나치게 신경을 쓰게 된다. 이는 회피 행동으로 이어질 수 있다. 예를 들어, 관계에서 실패를 두려워하면 더 이상 새로운 행동을 하거나 위험을 감수하지 않게 된다. 그러면 내면의 비판자와 마주하는 것을 피할 수 있기 때문이다.

목표 달성에 도움이 되지 않는 행동을 인식하는 것은 중요하다. 하지만 이 인식 과정에 판단과 부정적인 피드백이 수반되면 오히려 행동은 더 나빠진다. 지나치게 가혹한 자기비판은 생산적이지 않을 뿐만 아니라, 우울과 불안과도 연결되기 때문이다. 내면의 비판자로 인해 자신의 약점에 방어적으로 변한 탓에 자신에게 솔직해지거나 행동과 실수에 책임지는 것이 더 고통스러워진다. 그래서 타인, 상황, 또는 자신의 이야기를 탓하며 변화하지 못하는 만성적인 상태에 빠지게 된다. 자기자비와 정서적 안녕이 긍정적인 상관관계에 있다는 연구 결과는 상당히 설득력이 있다. 자기자비 수준이 높을수록 불안과 우울이 낮아진다는 사실은 연구를 통해 여러 차례 입증되었다. 자기자비의 핵심적 특징은 자기비판을 하지 않는 것인데, 자기비판은 불안과 우울의 중요한 예측변수로 알려져 있다. 게다가 "자기자비는 위협체계(불안정애착, 방어적인 태도, 자율신경 흥분과 관련된 감정)를 비활성화하고, 자기진정체계(안정애착, 안전감, 옥시토신-오피오이드 체계° 등과 관련된 감정)를 활성화한다." 연구에 따르면, 자기자비는 스트레스 호르몬인 코르티솔 수치를 낮추는 효과도 있다. 마지막으로, 자기자비는 사회적 유대감, 감성지능, 삶의 만족도, 지혜와 연관되기에 의미 있는 삶의 중요한 요소다. 자기자비의 유익에 대한 강력한 증거를 제시하는 연구는 매우 많다. 마음과 관계의 함정은 의미 있는 관계를 이어가려는 노력을 방해하는데, 자기자비는 이 함정을 피하고 가치관에 부합하는 삶을 사는 데 꼭 필요하다.

　누구에게나 약점은 있지만, 건강하고 지지적이며 정서적으로 안전하고 비판적이지 않은 방식으로 바라보면 이로부터 교훈을 얻을 수 있다. 자기자비는 가치에 따라 행동하고 건강한 관

○　'사랑 호르몬'으로 불리는 옥시토신과 통증을 완화하는 물질인 오피오이드가 함께 작용하여 불안 감소, 사회적 유대 강화, 스트레스 완화 등의 효과를 발휘하는 과정을 설명하는 개념이다. 예를 들어, 포옹과 같이 누군가와의 따뜻한 신체 접촉은 옥시토신의 분비를 촉진하고, 이는 오피오이드 시스템을 활성화하여 스트레스를 줄이고 편안한 감정을 느끼게 된다.

계를 맺고자 하는 바람을 실현하는 변화를 일으킨다.

이 여정의 중요한 부분은 수용, 즉 받아들임이다. 아동기와 청소년기에 겪은 고통스러운 경험을 받아들이고, 핵심신념 때문에 관계에서 더 많은 어려움을 겪을 수 있음을 받아들이고, 자신과 남을 탓하는 것 말고도 다른 방법이 있음을 받아들이고, 판단 없이 친절, 배려, 이해심으로 자신을 대할 수 있음을 받아들이는 것이다.

인류보편성은 자기자비의 요소다. 모든 사람이 고통을 겪고, 실수하고, 실패한다는 사실을 인식하고 이를 항상 기억하면 자신의 약점 때문에 느끼는 고립감과 자기비난을 줄이는 데 도움이 된다.

솔직히 말해서, 완벽한 사람은 없다. 모든 사람은 실수한다. 중요한 것은 각자가 그 실수를 어떻게 다루고, 실수의 여파 속에서 자신과 타인을 어떻게 대하는가이다. 당신은 자신에게 친절한가, 아니면 스스로를 가혹하게 질책하는가? 고통을 온전히 마주하는가, 아니면 고통을 피하려고 온갖 노력(예: 타인 비난하기, 혼자 있기, 과식 또는 알코올로 감각을 무디게 하기, 일에 몰두하기 등)을 다하는가? 두 방식 중 도움이 되는 쪽은 하나뿐이다. 당신은 고통스러운 경험, 고통스러운 생각, 고통스러운 감정, 고통스러운 관계로 힘들 만큼 힘들었다. 이제는 자신을 대하는 새로운 방식을 받아들일 때도 되지 않았는가? 자기자비의 핵심 요소인 **자기친절**self-kindness이라는 새로운 태도를 택해야 한다. 즉 '자기'에게 친절하고, 고통은 피할 수 없는 삶의 일부임을 이해하는 것이다.

자신에게 자비를 베풀자. 당신이 실수할 때(앞으로도 계속 실수할 것이다) 그 실수를 비판 없이 인정하고, 고통을 피하지 않고 받아들이며, 자기를 돌보고 위로하자. 과거의 이야기를 계속 떠올리거나 '아무도 나를 사랑하지 않을 거야', '결국 나는 혼자가 될 거야', '나는 사랑받을 자격이 없어'와 같이 앞날에 대한 끔찍한 생각을 부추기지 말고, 현재의 경험 속에 머물러 보자. 어렸을 때 받지 못한 것을 스스로 주겠다고 다짐해 보자. 즉, 잘하지 못했다고 자신을 벌하는 대신 최선을 다하고자 끊임없이 노력해온 점을 인정하자. 자신을 비난하며 고통을 가중하기보다는 고통으로 인한 감정적 동요를 허용한다.

내면의 아이와 만나 보자. 내면아이와 연결되는 것이 어려운가? 『자아도취적 이기주의자 대응심리학』의 저자 웬디 비하리는 자신을 더 부드럽게 대해야 할 때 어린 시절의 사진을 가지고 다니며 바라보라고 제안한다(사진이 마모되지 않도록 코팅하는 것도 좋다). 그 아이에게 어떤 말을 해주고 싶은가? 이렇게 말해 보자. "내가 여기 있어. 실수해도 괜찮아. 누구나 실수를 저질러. 그건 배우고 성장하는 과정이야."

자기자비 연습

어린 시절의 사진을 찾아 보자.

사진 속 아이가 안전감, 사랑, 수용, 인정, 위로, 소중히 여김, 존중을 느끼도록 무엇을 해주고 어떤 말을 해줄지 일지에 개조식이나 서술식으로 적어 보자.

- ▹ 어렸을 적 사진을 보고 어떤 기분이 들었는가?
- ▹ 자신에게 마음을 열 수 있었는가?
- ▹ 자신을 비판하기가 어려워졌는가?

사진 속 아이에게 필요한 것이 무엇인지 기억하고 싶을 때 그 사진을 꺼내 보자. 자신에게 베푸는 자비와 사랑은 타인에게까지 확장되고, 지속적이고 사랑이 가득한 관계를 형성하는 데 중요한 발판이 된다.

다음 장에서는 감정에 대해 더 자세히 살펴보고, 이를 관리하는 방법을 알아볼 것이다. 여정은 계속된다.

7장

왜 이런 기분이 드는 걸까?

고통스러운 상황과 감정에 대처하기

핵심신념이 촉발되면 감정의 안개 속에 갇히게 된다.

이때는 주의를 기울여 속도를 줄이고,

잠시 멈춰 서서 안개가 걷히기를 기다린 후

다시 상황에 대응하는 것이 좋다.

♥ ♥ ♥ ♥

감정적 고통은 해로운 대처행동을 하게 만드는 원인이다. 상처
받을 때 고통을 느끼고 싶지 않아서 우리는 감정적 고통을 없애
기 위해 반응하게 된다. 하지만 이런 반응으로 고통은 없어지지
않으며, 오히려 가중될 뿐이다. 아무리 노력해도 고통스러운 감
정이나 부정적인 생각은 사라지지 않고 계속 떠오른다. 그렇다
면 고통스러운 감정이 올라올 때 어떻게 해야 할까?

고통스러운 감정을 수용하는 방법을 배워야 한다. 그렇다,
고통스러운 감정을 받아들이는 것이다. 아마도 '왜 고통스러운
감정을 수용해야 하지?'라는 의문이 들 것이다.

우선, 핵심신념을 촉발하는 상황과 상호작용에서 감정이 표

면화 될 때 어떤 일이 일어나는지 살펴보자. 강렬한 감정이 생길 때는 현재의 고통뿐만 아니라 이전에 겪었던 고통도 떠오르게 된다. 마치 눈이 내리는 스노우볼 속의 장면으로 다시 돌아간 것처럼 느껴질 수 있다. 과거를 떠올리게 하는 감정 때문에 현재 상황을 제대로 인식하지 못하게 된다. 스노우볼 속 장면에 빠져들면, 해롭고 자기패배적인 방식으로 반응하게 된다. 당신의 이야기는 과거일 뿐이다. 그러나 핵심신념을 촉발하는 경험이 주는 감정과 감각은 너무나도 익숙해서 마치 과거의 시간과 장소에 있는 것처럼 착각하게 된다.

3장에서 언급한 켈리의 샌프란시스코 스노우볼을 떠올려 보자. 그 스노우볼은 13년 전에 산 것이다. 당시 샌프란시스코의 랜드마크는 지금도 여전히 존재하지만, 도시의 경관은 많이 변했다. 지금 우리 가족이 거주하는 건물은 그 스노우볼 속 장면이 포착되었을 당시에는 존재하지 않았다. 당시 트랜스아메리카 피라미드는 몇 안 되는 시내 고층 빌딩이었지만, 지금은 그 주변에 고층 빌딩이 수십 개나 들어섰다. 내가 말하고 싶은 것은 우리의 스노우볼, 즉 핵심신념을 촉발하는 사건으로 활성화되는 그 장면은 과거라는 것이다. 각자의 스노우볼은 고통스러운 경험으로 인해 핵심신념이 형성된 시기의 장면을 담고 있다.

나만의 스노우볼 만들기 연습

고통스러웠던 과거의 사건을 떠올려 보자. 이는 당신의 핵심 신념과 관련된 경험일 수도 있고, 유난히 고통스러웠던 사건일 수도 있다. 다음 질문의 답을 일지에 적어 보자.

▸ 나의 스노우볼 속 장면은 어디인가?

▸ 스노우볼 속에 있는 사람들은 누구인가?

▸ 스노우볼 장면은 나에게 어떤 의미가 있는가?

▸ 이 장면에 대해 어떤 감정을 느끼는가?

과거의 한 장면을 스노우볼에 담아 보았다. 이제 핵심신념이 촉발될 때 떠오르는 고통스러운 감정이 과거와 관련되어 있다는 것이 인식되는가? 반응행동에 돌입하고 싶은 충동을 억누르고 현재의 순간으로 다시 의식을 돌릴 수 있는가? 나의 부정적인 생각과 강렬한 감정이 과거의 스노우볼에서 비롯되었음을 떠올릴 수 있겠는가?

3장에서 언급한 엠마가 기억나는가? 엠마는 고등학교 마지막 학년이 시작될 무렵 부모님의 이혼을 경험했다. 이제 그녀의 스노우볼을 살펴보자.

> ▸ 나의 스노우볼 속 장면은 어디인가?
>
> 내 스노우볼 속 장면은 해변이다.
>
> ▸ 스노우볼 속에 있는 사람들은 누구인가?
>
> 나 홀로 해변에 서서 바다를 바라보고 있다.
>
> ▸ 스노우볼 장면은 나에게 어떤 의미가 있는가?
>
> 부모님이 이혼하면서 버림받는 느낌을 받았기 때문에 나는 혼자였다. 부모님은 재정적으로나 정서적으로 나를 실망시켰다. 입시와 대학 진학이라는 큰 변화로 스트레스를 겪는 동안 필요했던 사랑과 지도를 제공해 주지 못했기 때문이다. 바다는 내가 혼자서 감당해야 했던 모든 것을 상징하는데, 마치 바다처럼 광대하고 끝없고 압도적인 느낌이 들었다.
>
> ▸ 이 장면에 대해 어떤 감정을 느끼는가?
>
> 두렵고, 외롭고, 화가 나고, 슬프다.

현재나 미래를 나타내는 새로운 스노우볼을 만들 수도 있다. 그 안에는 5장에서 확인한 가치관을 나타내는 상징이나 작은 조각상 등 무엇이든 넣을 수 있다. 인식을 높여 현재에 머물도록 도와주는 어떤 것이든 좋다. 우리가 더 이상 과거의 이야기에 얽매이지 않고, 옛 스노우볼 속 장면에 있지 않으며, 과거처럼 반응할 필요도 없음을 상기시켜 주는 것으로 채워 보자. 아니면 새로운 스노우볼을 눈으로만 가득 채워서 현재와 미래의 가능성에 열려 있음을 상징적으로 나타낼 수도 있다.

감정을 견디기

당신은 부정적 감정에 휩싸이는 상황에서 그 감정을 어떻게 처리하는가? 도저히 감당할 수 없다고 느껴질 때, 그 고통을 어떻게 관리하는가? 부정적 감정을 유발한 사람에게 즉시 화를 내는가? 아니면 도망치고 대화를 피하며 술을 마시면서 잊으려 하는가? 일어난 일에 너무 몰입한 나머지 다른 어떤 것에도 집중하지 못하고 밤잠을 설치는가?

우리의 감정을 지속시키는 세 가지 요인이 있다.

1. **반추**rumination: 고통스러운 경험을 계속해서 반복적으로 생각하는 것

2. **회피**avoidance: 감정을 직면하지 않고 있는 그대로 받아들이지 않는 것

3. **감정 중심의 행동**emotion-driven behavior: 자기패배적이며 관계를 해치는 반응행동

이미 당신은 이러한 반응들이 도움이 안 된다는 사실을 깨달았을 것이다. 감정을 경험하는 것은 행동을 촉구하는 계기가 된다. 이때 기분이 더 나빠지거나 상황과 관계를 악화시키지 않는 행동을 선택하는 것이 중요하다. 이와 관련하여 효과가 입증된 기술로 마샤 리네한Marsha Linehan이 개발한 **변증법적 행동치료**dialectical behavior therapy, DBT에서 나오는 **고통 감내**distress tolerance가 있다. 이 기술은 장기적으로 부정적 결과를 초래하지 않는다. 주요 목표는 상황을 악화시키지 않고 위기를 넘기는 것이다. 그리고 **의식**awareness을 올바른 결정을 내리기 위한 기본 요소로 본다.

이제 당신이 고통스러운 감정과 상황에 어떻게 대처하는지 더 자세히 살펴보자. 핵심신념이 촉발될 때 경험하는 감정은 때로는 참기 어렵고 압도적일 수 있다. 감정적 고통을 없애기 위해

빠르게 대응하고 싶은 마음은 이해한다. 이 상황은 내가 어렸을 때 했던 '뜨거운 감자' 게임을 생각나게 한다. 우리는 빙 둘러앉아 '뜨거운 감자'를 상징하는 물건을 최대한 빨리 서로에게 던졌다. 음악이나 신호음이 울릴 때 그 물건을 가지고 있지 않기 위해서였다.

하지만 빨리 반응하거나 즉각적으로 대처하는 전략은 종종 상황을 악화시키고 자신을 더 괴롭게 만든다. 어떤 전략은 단기적으로 기분을 나아지게 할 수 있지만(예: 대마초를 피우거나 술을 한 잔 마시면 불안이나 공황이 완화될 수 있다), 결국에는 다시 고통을 겪게 된다. 장기적으로 이러한 대처전략은 아무런 도움이 되지 않고 오히려 문제를 더할 가능성이 크다.

대처전략에 따른 비용

『변증법적 행동치료기술 워크북The Dialectical Behavior Therapy Skills Workbook』에서 저자들은 해로운 대처전략에 따르는 비용을 인식하도록 돕는 연습을 제공한다. 나는 그것을 이 책에 맞게 수정했다.

연습을 시작하기 전에 3장의 '나의 반응행동 알아보기' 연습에서 자신의 답변을 재확인하자.

이제 그 내용을 염두에 두고, 다음 목록에서 해로운 대처행동과 그로 인해 치러야 할 비용을 알아보자. 이 중 자신에게 해당하는 항목을 기록한다. 이 밖에도 당신과 관련된 행동과 비용이 있다면 '기타' 문항에 적어 보자.

해로운 대처행동	비용
타인을 향한 비난/비판/도전/저항	- 친구, 연인, 가족과의 관계 상실 - 사람들이 피하게 됨 - 다른 사람의 감정을 상하게 함 - 기타:
따르는 척하면서 실제로는 미루기/불평/지각/저조한 성과 등으로 반항하는 행동	- 건강하지 않은 관계를 참아내야 함 - 직장에서 문제를 일으킴 - 기타:
원하는 바를 얻기 위해 타인을 통제하는 행동	- 사람들과 멀어짐 - 사람들에게 상처를 줌 - 기타:
좋은 인상을 주고 주목받으려고 하는 행동	- 사람들과의 진정한 연결을 놓침 - 사람들과 멀어짐 - 기타:
원하는 것을 얻기 위해 조작/착취/유혹하는 행동	- 관계를 망침 - 불신의 분위기를 조성 - 사람들과 멀어짐 - 기타:

- 자신을 고립시킴 - 사회적 위축 - 타인과의 단절	- 즐거운 경험과 좋은 것들을 놓침 - 우울함/고립감/외로움 - 기타:
- 독립적이고 자립적인 모습 - 독서, TV 시청, 컴퓨터 사용 등 혼자 하는 활동에 몰두함	- 혼자 보내는 시간이 늘어남 - 우울감/고립감/외로움이 커짐 - 기타:
강박적 행동(쇼핑, 성행위, 도박, 위 험한 행동, 신체 활동 등)을 통해 흥 분이나 기분 전환을 추구	- 금전/건강/관계 문제 - 수치심을 느낌 - 사망 - 기타:
약물, 술, 음식, 과도한 자극을 통 해 감정을 무디게 하는 행동	- 중독 - 금전 손실 - 관계/건강 문제 - 기타:
해리, 부정, 환상, 등 내적 형태의 철수를 통해 도피하는 행동	- 외로움/수치심/우울감을 느낌 - 기타:
- 타인에게 지나치게 의존 - 굴복 - 수동적으로 행동 - 갈등 회피 - 타인을 기쁘게 하려고 노력	- 자신의 필요가 충족되지 않는 관계 - 자신의 필요 때문에 과도한 부담 을 주는 관계 - 기타:

이 연습의 효과는 강력하다. 우리는 해로운 행동의 대가를 눈으로 확인하기 전까지는 깨닫지 못한다. 감당하기 어려운 감정적 고통을 경험할 때 취하는 행동이 단순히 무익할 뿐만 아니라 파괴적이기까지 한다는 사실이 이내 명확해진다. 이러한

행동은 고통에서 괴로움으로 가는 지름길이다. 잊지 말자. 해로운 반응으로 고통을 회피하면 빠르게 주의를 돌릴 수 있지만 일시적일 뿐이다.

앞서 말했듯이, 고통은 피할 수 없다. 그것은 인류의 보편적 조건이다. 그러나 고통과 함께 따라오는 괴로움은 피할 수 있다. 괴로움을 언제 어디서 경험할지는 우리의 선택이다. 만약 해로운(부적응적) 행동으로 고통에 대처한다면 괴로움이 따를 것이다. 우리의 목표는 건강한 행동을 통해 고통을 다루는 것이다. 올바르게 대처한다면 괴로움을 경험하지 않아도 되고, 삶에서 괴로움을 없앨 수도 있다. 괴로움은 우리의 통제 아래 있다. 이제 핵심신념이 촉발되거나 부정적인 감정에 압도될 때 사용할 수 있는 건강하고 유익한 대처행동을 알아보자.

감정의 안개를 빠져나가기

고속도로를 운전하다가 갑자기 짙은 안개가 끼어 길과 주변 차량이 보이지 않는 상황을 상상해 보자. 이 상황에서 여전히 시속 100킬로미터로 달리겠는가, 아니면 속도를 줄여 차를 세우고 안개가 걷히기를 기다리겠는가? 아마도 속도를 줄이고 차를 세울 것이다. 이런 상황에서 계속 운전하는 것은 위험하고 해롭기 때문이다.

이제 압도하는 부정적 감정의 짙은 안개 속으로 들어간다고 상상해 보자. 이때는 주의를 기울여 속도를 줄이고, 잠시 멈춰서서 안개가 걷히기를 기다린 후 다시 상황에 대응하는 것이 좋다. 고통스러운 감정의 안개가 사라질 때까지 기다리는 동안 **주의를 돌릴 수 있는 활동**에 참여해 보자. 감정의 안개가 걷힌 후에 상황을 다시 마주하고 나면, 추가로 문제가 발생하는 것을 최소화하거나 피했음을 알게 될 것이다.

그렇다면 '주의를 돌릴 수 있는 활동'에는 무엇이 있을까? 현재 겪고 있는 힘든 감정에서 벗어날 수 있는 건전한 행동이라면 무엇이든 가능하다. 핵심신념을 촉발하는 사건에 항상 해왔던 부적응적 방식으로 반응하는 대신, 다른 일을 하면 감정의 강도가 줄어들 때까지 시간을 벌 수 있다. 부정적인 감정을 다스리고 그로부터 거리를 둘 수 있게 되면(보통 시간이 흐르면 쉬워진다) 유익한 선택을 하기가 더 쉬워진다.

주의 돌리기 활동은 감정을 회피하거나 이로부터 도망치는 것이 아니다. 안개가 걷힐 시간을 확보해서 상황을 더 명확히 보려는 것이다. 해롭고 경솔한 행동을 예방하여 현재 순간에서 자신을 안전하게 지키는 것이다. 이제 부정적인 감정에 압도될 때 부적응적 대처행동에 빠지지 않을 수 있는 활동을 몇 가지 제안하고자 한다. 이 목록을 보면서 자신의 상황, 시간, 기회, 적절성을 고려해 주의 돌리기 계획을 세워보자.

운동

어떤 형태든지 운동은 도움이 된다. 운동은 천연 진통제이자 항우울제인 **엔도르핀**을 분비시킨다. 엔도르핀은 기분을 좋게 하고 전반적인 웰빙 수준을 높이며, 스트레스 호르몬인 코르티솔의 수치를 감소시키고, 자존감을 높이고 유지하도록 돕는다. 신체 활동은 혈압, 체중, 심장병, 제2형 당뇨병, 불면증, 우울증, 불안, 골밀도, 근력, 면역 체계, 관절 가동성에 긍정적인 영향을 미친다. 또한 운동은 뇌로 가는 혈액과 산소의 흐름을 증가시키고, 인지에 도움이 되는 화학물질(도파민, 글루타메이트, 노르에피네프린, 세로토닌)을 증가시키며, 새로운 신경세포의 생성을 촉진하는 성장 인자를 증가시킨다. 다시 말해, 운동은 해롭고 무익한 행동에서 주의를 돌리는 데 도움이 될 뿐만이 아니라, 몸과 마음에 유익한 활동이다. 따라서 주의 돌리기 행동이 필요할 때 하나 이상의 신체 활동에 참여하는 것이 중요하다. 운동에 대한 아이디어가 필요한가? 여기 영감을 줄 수 있는 운동 목록이 있다.

걷기	소프트볼	조정
골프	수구	줄넘기
낚시	수상스키	줌바
농구	수영	축구
다트	수중 에어로빅	카약
달리기	스노우 스키	카이트서핑
라켓볼	스노우모빌	크로스핏
라크로스	스노우슈잉	크로케
럭비	스노클링	킥복싱
레슬링	스쿠버 다이빙	킥볼
롤러블레이딩	스트레칭	탁구
롤러스케이팅	스피드 스케이팅	테니스
말 손질	스핀 클래스	트램폴린
무술	승마	티알엑스TRX
발레	아이스 스케이팅	팀 스포츠
배구	암벽 등반	패들보드
배낭여행	양궁	패들볼
배드민턴	에어로빅 수업	펜싱
보트 타기	요가	프리스비
복싱	요트 타기	필라테스
볼룸댄스	웨이트 리프팅	하이킹
볼링	윈드서핑	핸드볼
서핑	자전거 타기	기타:
셔플보드	조깅	

취미와 특별한 관심사

또 다른 주의 돌리기 활동으로는 취미나 특별한 관심사가 있다. 늘 해보고 싶었거나 더 자주 하고 싶었던 일이 있다면, 지금 그 활동을 알아보자. 영감을 줄 수 있는 목록은 다음과 같다.

가족과 시간 보내기	스포츠 관람
교회 활동	십자말풀이
그림 그리기	악기 연주
글쓰기	여행
농사/정원 가꾸기	영화관 가기
당구	외식
독서	요리/베이킹
동물 돌보기	음악 감상
뜨개질	일기 쓰기
명상	자동차 손보기(정비)
바느질	잠자기/낮잠 자기
반려견 산책시키기	집안일
사교 활동	집에서 영화 보기
사진 촬영	집에 친구들 초대하기
새 관찰	카드놀이
쇼핑	컴퓨터 게임
수공예	해변에 가기
스크랩북 만들기	기타:
스키트 사격	

봉사활동

핵심신념이 촉발되어 부정적인 감정에 휩싸이면 오직 나와 현재 내 경험에만 집중하게 된다. 사실 '모든 것이 나와 관련 있다'는 그 느낌이 문제다. 이때 자신을 벗어나 다른 사람에게 집중하는 것이 좋은 해결책이 될 수 있다. 다른 사람을 위해 무언가를 하는 것만큼 보람 있고 자신을 잊게 만드는 활동은 많지 않다. 무료 급식소에서 노숙자들에게 봉사할 수도 있고, 이웃집 노인의 강아지를 산책시키는 것 같은 간단한 일도 있다.

다음은 봉사활동의 몇 가지 아이디어다.

공원 및 야외 지역 군부대에 위문품 보내기	방과 후 프로그램
노숙자 쉼터	병원
노숙자/여성/아동 쉼터에 음식이나 옷 기부	수족관
	어린이집
도서관	요양원
동물 보호소	은퇴자 커뮤니티
동물 복지 프로그램	자원봉사 코칭
멘토링 프로그램	장애인 올림픽
문해력 프로그램	재난 구호
박물관	적십자
반려동물 임시 보호소	정치 단체
	지역 정원

지역사회 청소 프로젝트	해비타트 운동
지역아동센터	헌혈
푸드 뱅크	환경 단체
학습 지원 프로그램	기타:

해야 할 일

주의를 분산시키는 또 다른 좋은 방법은 할 일 목록에 있는 일거리를 처리하는 것이다. 일상적인 집안일, 정리 작업, 개인적인 일이 포함될 수 있다.

다음은 해야 할 일의 예시 목록이다.

가구 재배치	스크랩북 시작하기
걸레받이 청소	옷 다림질
금속 광택내기	옷 정리 및 분류(기부, 위탁판매,
냉동고 정리	물려주기)
냉장고 청소	옷장 정리
먼지 털기	욕실 서랍/찬장/약장 정리
바닥 청소	우편물 분류
부엌 찬장 및 서랍 청소	잔디 깎기
서류 정리	잡초 제거
세차	집 페인트칠
세탁	차고 정리

창문 닦기	포토앨범 만들기
책 정리	DVD, CD, Xbox 게임 정리
청소기 돌리기	기타:
침구 교체	

휴식과 자기관리

휴식 활동에 참여하는 것도 주의를 돌리는 좋은 방법이다. 다음은 몇 가지 제안이다.

네일 아트	얼굴 마사지
독서	일광욕
명상하기	오디오 명상 듣기
목욕	음악 감상
안마	페디큐어
어두운 방에서 휴식하기	기타:

우울 대비 상자 만들기

주의를 분산시킬 활동으로 좋아하는 물건, 그림, 편지, 카드, 사진, 기념품 등을 담은 상자를 만들어도 좋다. 이 물건들은 행복하고, 즐겁고, 사랑스럽고, 기쁨이 넘쳤던 시간을 상징하는 것이어야 한다. 이 상자는 부정적인 감정에 휩싸일 때 꺼내 볼 기분 전환용 도구다. 나는 『왕따를 경험한 청소년을 위한 워크북The Bullying Workbook for Teens』에서 이 우울 대비 상자를 처음 접했다. 저자들은 괴롭힘을 당한 청소년이 우울감에 빠졌을 때 힘을 북돋아주는 도구로 이 상자를 추천한다. 그렇지만 연령대에 상관없이 적용할 수 있는 훌륭한 아이디어다. 감정의 안개 속에 갇혀서 인생의 좋은 것들을 잊어버렸을 때 이 상자가 다시 집중할 수 있도록 도와줄 것이다.

상자에는 자신이 웃고 있거나 좋아하는 활동을 하는 사진, 사랑하는 사람과 함께 있는 사진, 당신의 친절한 행동에 감사해하거나 당신의 진가를 인정하는 편지, 즐거운 경험이나 모험을 상징하는 물건(예: 요세미티 국립공원에서 가져온 열쇠고리, 양키스 야구 경기에서 받은 배지, 바다 여행에서 주워온 조개 등)을 넣을 수 있다. 로먼Lohmann과 테일러Taylor는 물건의 목록을 작성하고 거기에 의미를 부여할 것을 제안한다. 창의력을 발휘하여 자신만의 우울 대비 상자를 만들어 보자. 항상 바쁜 일정을 보내고 있다면 가방에 들어갈 만한 귀여운 화장품 파우치를 찾아 의미 있는 물건들로 채워 보자. 아니면 사무실 컴퓨터에 파일로 보관하거나, 지갑이나 스마트폰에 목록을 넣어두거나, 물건의 사진을 찍어 스마트폰에 저장할 수도 있다. 모두 힘든 생각과 감정에서 벗어나고 싶을 때 손쉽게 물건을 볼 수 있는 좋은 방법이다.

나만의 주의 분산 계획 만들기

이제 나만의 주의 분산 계획을 세울 차례다. 시작하기 전에, 핵심신념을 반복적으로 촉발하는 상황을 떠올려 보자. 3장을 다시 살펴보면 도움이 될 수 있다. 그리고 일지를 펼쳐서 '행동적 촉발요인 식별하기'와 '촉발사건에 대한 반응 연습'을 살펴보자. 보통 어떤 상황에서 촉발되는가? 이 상황이 주로 일어나는 장소는 어디인가? 촉발될 때 보통 무엇을 하는가?

일지 대신 신용카드 크기의 종이, 포스트잇, 또는 스마트폰을 사용하여 상황에 맞는 적절한 주의 분산 활동을 몇 가지 목록으로 작성한다. 이전 페이지에서 제안한 것을 참고하자. 내가 좋아하는 활동이 항상 적절한 것은 아님을 잊지 말아야 한다 (예: 달리기를 좋아하더라도 근무 중일 때는 달리기를 할 수 없다). 따라서 다양한 상황과 환경에 적합한 활동을 적어야 한다.

또한, 장소나 상황에 상관없이 할 수 있는 주의 분산 활동도 몇 가지 목록에 포함한다. 이 종이를 지갑에 넣거나 스마트폰에 저장하자. 이제 당신에게는 주의 분산 계획이 있다. 감정의 안개 속에 갇혀 어찌해야 할지 모를 때 주의를 돌릴 수 있는 건강하고 유익한 방법을 몇 가지 찾은 것이다.

힘들고 고통스러운 감정은 관계에 해를 끼치는 자기 파괴적인 행동으로 이어질 수 있다. 자신의 이야기, 즉 과거의 스노우볼 속에 자신을 가둘 수도 있다. 그리고 감정의 안개를 일으켜 건강하고 유익한 반응행동을 선택할 수 있음을 보지 못하게 한다. 이번 장에서는 감정을 잘 이해하고 수용하며 거리를 두는 방법에 대해 배웠다. 다음 장에서는 자동적인 반응행동을 신중한 반응행동으로 바꾸는 방법을 알아볼 것이다. 여정은 계속된다.

8장

내가 뭐 하는 거지?

나의 행동 바꾸기

"만약 네 본능이 모두 틀렸다면,
반대로 행동하는 것이 옳은 길일 거야."

♥ ♥ ♥

이제 우리의 반응행동과 그로 인한 피해에 대해 더 자세히 살펴보자. 우리는 핵심신념이 촉발될 때마다 그로 인한 고통에 반응하게 된다. 그 반응은 감정으로 나타나곤 하는데, 예를 들어 다른 사람들이 자신을 부정적으로 볼 것 같은 수치심이나 그들에게 거부당할 것이라는 두려움을 느낄 수 있다. 그러면 더 외롭고 우울해지게 된다. 또는 대인관계에서 부정적인 결과가 나타날 수도 있다. 사람들이 당신을 이용하거나 거부하고, 멀어지거나 화를 낼 수 있다. 그 어떤 것도 긍정적인 결과가 아니다.

3장에서 다룬 것처럼 투쟁, 도피, 경직, 강요라는 네 가지 반응행동은 대인관계 문제의 근본 원인이다. 우리는 핵심신념을 바꿀 수 없고, 그 신념을 촉발하는 요인들을 바꿀 수도 없으며, 그로 인해 생기는 감정도 바꿀 수 없다. 하지만 우리의 반응행동은 바꿀 수 있다.

나의 행동을 알아차리기

핵심신념이 일으키는 행동을 변화시키기 위한 첫 단계는 이러한 행동의 결과를 살펴보고 패턴을 파악하는 것이다. 이 과정이 불편할 수 있다는 건 안다. 부끄럽거나 성공적이지 않았던 행동을 다시 떠올리기란 유쾌한 일이 아니다. 하지만 자신을 판단하지 말고 이러한 행동을 **좋고 나쁜** 기준이 아닌, 유익하고 무익한 기준으로 생각해 보자. 미래의 행동과 결과를 변화시키는 가장 좋은 방법은 과거의 행동과 결과를 들여다보는 것이다.

우선 일지에 기록한 내용을 다시 살펴보자. '촉발사건에 대한 반응 연습'을 참조하자. 핵심신념을 촉발하는 상황으로 추가하고 싶은 것이 있는가? 그렇다면 적어 보자. 이제 '반응행동 파악하기' 연습을 살펴보자. 자신이 가장 자주 하는 대처행동은 무엇인가? 전형적인 반응이 있는가? 가령 멀어졌다가 다시 집착하는 두 가지 행동을 반복할 수도 있다. 당신의 행동에서 어떤 패턴이 보이는가? 이것을 의식적으로 인식하기 시작하면, 촉발요인이 발생하는 순간에도 이를 잘 알아차릴 수 있다. 판단하면 안 된다는 것을 명심하자. 대처행동은 핵심신념이 촉발될 때의 고통스러운 감정을 피하려는 노력이다. 그러나 이런 방법들은 안타깝게도 장기적으로는 효과가 없다.

우리는 앞에서 행동에 따른 비용을 알아봤다. '대처전략에 따른 비용'에 대한 응답을 살펴보자. 특히 자신의 특정 유해 행동과 결과에 주목해 본다. 추가할 내용이 있다면 지금 적어 보자.

이제 우리의 대처전략이 관계에 어떤 영향을 미쳤는지 살펴보자. 상대방은 어떻게 반응했는가? 그 사람의 즉각적 반응뿐만 아니라 장기적 반응도 떠올려 보자. 화를 냈는가? 전화나 메시지에 답하지 않았는가? 결과는 어떠했는가? 상대방의 반응을 적어 보자.

이제 당신의 행동이 의도치 않는 결과를 가져온다는 것을 깨달았는가? 예전에 사귀던 사람들의 반응에서 발견되는 반복되는 패턴이 있는가? 당신의 행동으로 원하던 관계의 모습에 더 가까워졌는가? 아마 그렇지 않을 것이다.

기대했던 반응이나 결과가 나타난 상황이 기억나는가? 그 때의 행동은 평소와 달랐는가? 만약 그렇다면 어떤 행동을 했는가? 그때 상대의 반응은 마음에 들었는가? 그렇다면 그것을 적어 보자.

부정적인 생각은 핵심신념을 자극하여 대처행동으로 이어진다는 것을 쉽게 이해할 수 있다. 핵심신념이 주는 고통에 부적응적으로 반응하면 관계에 독이 된다. 투쟁, 도피, 경직, 강요의 반응은 상대방에게 상처를 주고 멀어지게 만든다. 그리고 상실감, 소외감, 슬픔을 유발한다. 우리가 경험한 바와 같이, 생각이란 놈은 때때로 매우 해로울 수 있다. 이 해로운 생각과 어떻게 관계를 맺을 수 있는지 6장에서 배웠다.

이번 장에서는 지금까지 다룬 내용을 종합하고, 행동과 가치를 연결하여 건강하게 행동할 동기를 찾아본다. 다음 연습을 통해 어떻게 자신의 가치가 행동에 긍정적인 영향을 미치는지 배울 수 있다.

행동과 가치 연결하기

습관으로 굳어진 행동을 바꾸기란 매우 어렵다. 나쁜 습관이 그렇듯, 익숙하고 편안한 행동으로 돌아가기 쉽다. 하지만 익숙한 행동, 즉 해로운 행동은 우리를 원하는 관계로 인도하지 않는다. 유익하더라도 익숙지 않은 행동을 하는 것은 어려우며,

때로는 어색하고 불편할 수 있다. 하지만 가치를 인식하고 이를 변화의 동기로 삼으면 어려움을 받아들이고 불편함과 어색함을 견딜 수 있다. 이제 다시 당신의 행동과 가치를 연결해 보자. 먼저, 해로운 행동을 살펴볼 것이다.

다음 질문에 대해 일지에 답해 보자.

▸ 내가 따르는 가치, 특히 관계와 관련된 가치들을 확인한다.

▸ 나의 핵심신념을 나열한다.

▸ 촉발사건을 설명해 보자.

▸ 해로운(부적응적) 대처행동을 묘사해 보자.

▸ 그 결과를 적어 보자.

▸ 나의 행동이 가치에 더 가까워지게 했는가? (아래의 척도로 점수를 매겨 보자.)

1 = 완전히 멀어지게 함	2 = 상당히 멀어지게 함
3 = 약간 멀어지게 함	4 = 약간 가깝게 함
5 = 상당히 가깝게 함	6 = 완전히 가깝게 함

해로운 반응이 내가 중요시하는 가치에서 어떻게 멀어지게 하는지 알 수 있는가?

이제 새롭고 유익한 대처행동을 실천해 보고, 그 행동이 내가 중요시하는 가치에 더 가까워지게 하는지 살펴보자. 유익한 반응행동이 결과를 어떻게 바꾸었는지 주목하면서 이 연습을 반복한다.

다음 질문에 대해 일지에 답해 보자.

- ▸ 내가 따르는 가치, 특히 관계와 관련된 가치들을 확인한다.
- ▸ 나의 핵심신념을 나열한다.
- ▸ 촉발사건을 설명해 보자.
- ▸ 유익한 대처 행동이 무엇일지 적어 보자.
- ▸ 그 결과를 적어 보자.
- ▸ 나의 행동이 가치에 더 가까워지게 했는가? (위와 동일한 척도를 사용해 점수를 매겨 보자.)
- ▸ 유익한 대처 행동이 내가 중요시하는 가치에 어떻게 가까워지게 했는지 알 수 있는가?

자동적인(해로운) 대처 반응을 억제하는 것이 어려움을 느꼈을 것이다. 유익한 대처행동을 하는 데 더 많은 에너지와 노력이 필요하다는 것은 이해할 수 있다. 하지만 건강한 대처행동을 자주 할수록 그것이 새로운 자동적 대처행동이 될 것이다. 시간은 걸리겠지만, 해로운 반응을 하려는 충동이 유익한 행동을 하려는 충동으로 바뀔 것이다. 유익한 반응행동을 하면 긍정적인 감정을 계속해서 느끼게 된다. 또한 가치에 부합하는 행동을 하게 되어 자신에 대한 만족감이 증가하고, 다른 사람들과 더 건강한 상호작용을 하게 된다.

캐리에게는 '버림받음', '불신과 학대'의 핵심신념이 있다. 그녀는 아버지의 말과 행동을 통해 '사람들은 모두 너를 이용하려고 하니 약점을 드러내지 말라', '늘 경계하라' 등을 배웠다.

캐리가 이 연습에 답한 내용을 살펴보자.

▸ 내가 따르는 가치, 특히 관계와 관련된 가치들을 확인한다.

　신뢰, 연결

▸ 나의 핵심신념을 나열한다.

　'버림받음', '불신과 학대'

▸ 촉발사건을 설명해 본다.

　새로운 사람을 알아가는 것

▸ 해로운(부적응적) 대처행동을 묘사해 보자.

　방어적이고, 경계하며, 감정을 숨김

▸ 그 결과를 적어 보자.

Love Me
Don't Leave Me

상대와 가까워지지 못했다. 내 행동에 상대가 불편함을 느꼈고,
나는 거절당했다.

▸ 나의 행동이 가치에 더 가까워지게 했는가? (위와 동일한
척도를 사용해 점수를 매겨 보자.)

완전히 멀어지게 함(점수: 1점)

캐리의 해로운 행동은 그녀가 밝힌 자신의 가치와 일치하지
않았다. 당신도 이런 경험을 할지 모른다. 각 가치를 적었던 이
유를 다시 검토하면(5장의 끝부분 참조), 가치에 더 가까워지는 행
동을 하는 데 도움이 된다. 지금부터 해로운 행동으로부터 거리
를 두는 데 유용한 기술을 소개하려고 한다.

반대로 행동하기

앞에서는 핵심신념을 촉발하는 상호작용이나 사건에 대한 반응
으로 나타나는 해롭고 무익한 대처행동을 확인했다. 이제 핵심
신념을 촉발하는 사건에 반응할 때 사용할 수 있는 기술을 하나
더 소개하려고 한다. 촉발사건과 이에 따른 감정은 당신을 가치

관에서 멀어지게 만들고 관계를 방해한다. 이번 장과 앞서 두 장에서는 생각, 감정, 행동 사이의 관계를 살펴보았다. 이 다루기 힘든 삼인조는 우리를 악순환에 빠지게 한다. 부정적인 생각이 고통스러운 감정을 일으키고, 처음에 우리를 힘들게 했던 생각과 감정을 더욱 강화해 관계를 해치는 또 다른 무익한 행동을 하게 만든다.

4장에서 완료한 '관계 경험 연습'을 다시 살펴보자. 자신이 한 행동이 감정적 고통을 없애지 못했음을 쉽게 알 수 있다. 그리고 앞장의 '대처전략의 비용' 연습을 다시 보면, 그 행동들이 가치에 가까워지는 데 도움이 안 된다는 사실을 확실히 알게 된다.

이제 클레어('버림받음', '정서적 박탈' 핵심신념을 소유)가 어떻게 이 상황을 설명하는지 보자.

"정말 좋아하는 사람과 사귀게 되면, 그가 나를 좋아한다는 확신을 얻기 위해 주기적으로 연락하고 싶은 마음이 너무 커져요. 직장이나 친구 관계에서 힘들 때면 그에게 더 확신받고 싶어지죠. 문자나 전화에 답이 없으면 마음이 얼마나 혼란스러운지 몰라요. '그는 나만큼 좋아하지 않는구나. 곧 헤어지겠지. 나에게 관심이 없는 게 분명해.'라는 생각 때문에 불안하고, 우울하고, 무섭고, 상처받고, 외로워집니다. 그 남자의 진심을 알고 싶은 절

박함이 생기는데, 확실하지 않고 모호한 건 견딜 수 없기 때문이에요.

최근에 톰과 만났을 때의 일이에요. 그에게 전화를 걸었는데 받지 않았어요. 다시 걸었지만 여전히 받지 않는 거예요. '**왜 전화를 안 받지?**' 다섯 번째 전화도 받지 않으니까 신호음이 울릴 때마다 가슴이 조여 오는 것 같았습니다. 그러다가 갑자기 톰이 전화를 받았고 '클레어, 무슨 일이야?'라고 물었어요. 저는 '안녕, 톰. 별일 아니야. 그냥 오늘 좀 힘든 하루라서 네 목소리가 듣고 싶었어.'라고 대답했어요. 그러자 그는 '이런, 클레어! 중요한 회의 중이었는데 긴급한 상황인 줄 알고 나왔잖아!'라면서 전화를 끊어버렸습니다. 저는 미친 듯이 문자를 보내며 용서를 구하고, 평소답지 않은 제 행동에 대해 사과했어요. 하지만 사실 평소답지 않다는 건 거짓말이에요. 이건 제가 연인과의 관계에서 늘 반복하던 패턴이었거든요."

클레어와 톰이 다시 만났을 때 톰은 일이 너무 바빠서 연애할 시간이 없다고 말했다. 클레어는 이전에도 남자들에게 '손이 많이 간다'라든지 '유난스럽다'라는 말을 들은 적이 있어서, 이번에도 자신의 행동이 다시금 자기실현적 예언으로 이어졌다고 확신했다(그녀는 버림받고 사랑받지 못할까 봐 두려워했다).

우리가 알 수 있듯이 클레어의 행동(불필요한 연락, 확신에 대한 갈망, 집착) 때문에 톰(그리고 이전의 남자들)은 멀어졌고, 외롭고 사랑받지 못한다고 느끼게 되었다. 그녀의 행동은 효과가 없었으며 희망하는 관계와 가치에서 멀어지게 만들었다.

이제 원하는 결과를 가로막는 행동 패턴에 빠졌을 때 유용한 기술을 살펴보자. 이 기술은 클레어뿐만 아니라 당신에게도 도움이 될 수 있다. 바로 '반대로 행동하기'다. 이는 마샤 리네한Marsha Linehan이 만든 DBT(변증법적 행동치료) 기술이다. 이 기술의 골자는 부정적인 생각과 감정에 대한 자동적인 반응과 반대되는 행동을 선택하는 것이다.

'반대로 행동하기'의 가장 잘 알려진 재미있는 예는 TV 시트콤 <사인필드>의 '반대The Opposite'라는 에피소드다. 상황은 다음과 같다. 조지는 제리에게 "정말 잘되는 게 없네"라고 불평한다. 제리가 무엇이 잘 안되냐고 묻자, 조지는 자신의 인생이 기대했던 대로 되지 않았다고 설명한다. 그는 사교적이고 밝고 통찰력이 있었기에 매우 전도유망했다. 하지만 이제 자신이 인생에서 내린 모든 결정이 잘못됐음을 깨달았다. 본능은 항상 그를 잘못된 방향으로 이끌었고, 자신이 원하는 것과는 정반대의 인생이 되었다. 이에 대해 제리는 "만약 네 본능이 모두 틀렸다면, 반대로 행동하는 것이 옳은 길일 거야"라고 말한다. 조지는 이 말을 마음에 새기고, 인생을 바꾸기 위해 반대로 행동하기로 결심한다.

대다수가 모든 것이 잘못되었고 인생이 원하는 대로 되지 않는다고 느끼는 조지에게 공감할 수 있을 것이다. 우리는 원하는 삶을 방해하는 행동 패턴을 인식할 수 있다. 3장과 4장에서 자신이 왜 그렇게 반응하는지, 그리고 자신의 행동과 그 결과를 살펴보았다. 우리는 핵심신념이 촉발될 때 나타나는 오래된 자동적 행동을 인식하게 되었고, 해로운 행동이 주로 부정적인 생각과 감정에서 비롯됨을 알게 되었다. 이 새로운 인식 자체는 유용하지만, 감정이 격해질 때는 익숙한 방식으로 반응하기 쉽다. 그래서 충동적으로 반응하거나 나중에 후회하게 되는 방식으로 반응하고, 유익한 대안적 행동이 있음을 잊게 되는 것이다.

클레어의 행동을 다시 살펴보자.

평소의 반응

1. 불필요하고 과도한 연락

2. 안심시켜주길 바람

3. 집착

4. 확실성을 향한 욕구

반대 반응

1. 먼저 연락하지 않는다.

2. 주의 돌리기 활동 중 하나에 참여해 행복감을 높인다(7장의 '나만의 주의 분산 계획 만들기' 활동을 참조).

3. 자신만의 경험에서 벗어나 타인을 위해 무언가를 하며 연결에 대한 욕구를 충족시킨다(7장의 '봉사활동' 목록을 참조).

4. 마음챙김(4장을 참조)을 통해 현재에 머물고, 과거 관계에 집착하거나 현재 관계의 미래에 대해 걱정하지 않는다.

반대로 행동하기 연습

다음은 '반대로 행동하기'를 연습하고 계획하는 데 도움이 되는 질문이다(『중독을 위한 마음챙김 워크북The Mindfulness Workbook for Addiction』에서 발췌). 다음 질문에 대한 답변을 일지에 기록해 보자.

▶ 무슨 상황인가?

▶ 나에게 어떤 핵심신념이 있는가?

▶ 그때 내 감정을 적어 보자.

▶ 평소 나의 반응이나 행동은 무엇인가?

- ▸ 그 결과는 어떠한가?
- ▸ 이제 반대의 반응행동을 알아보자.
- ▸ 반대로 행동했을 때 결과는 어떨까?
- ▸ 그때 내 감정은 어떨까?

다음은 클레어가 작성한 내용이다.

- ▸ **무슨 상황인가?**

  어제 아침 이후로 톰에게서 연락이 없다. 오늘 하루 종일 기분이 안 좋다.
- ▸ **나에게 어떤 핵심신념이 있는가?**

  '버림받음'과 '정서적 박탈'
- ▸ **그때 내 감정을 적어 보자.**

  불안, 슬픔, 외로움, 두려움, 공허함
- ▸ **평소 나의 반응과 행동은 무엇인가?**

  집착하게 되고, 필사적으로 그에게 연락을 시도하며 안심시켜 주기를 바란다. 나는 미래에 대한 확신이 필요하다.
- ▸ **그 결과는 어떠한가?**

톰은 화가 나서 나에게서 멀어졌고, 결국 헤어졌다.

▸ **이제 반대의 반응행동을 알아보자.**

톰에게 먼저 연락하지 않는다. 그가 나에게 연락할 때까지 기다린다. 마음챙김을 실천하며 현재에 머문다. 주의 돌리기 활동을 하며 시간을 보낸다. 초기 단계에서 확신을 기대하지 않고, 관계가 자연스럽게 전개되도록 둔다.

▸ **반대로 행동했을 때 결과는 어떨까?**

불필요하고 과도한 연락, 집착, 안심과 확신에 대한 필사적인 요구로 톰을 겁먹게 하지 않았을 것이다.

▸ **그때 내 감정은 어떨까?**

자부심과 자기만족을 느낄 것이다. 내가 되고자 하는 모습에 가까운 방식으로 행동했고 나의 가치에서 멀어지는 행동을 피했기 때문이다.

클레어는 마지막 문항에서 자신의 가치에 부합하게 행동하면 긍정적인 감정을 느낄 것이라고 상상한다. 5장의 '나의 가치관을 확인하기' 연습의 답변을 검토하여 자신의 가치관에 대해 알아낸 것을 살펴보자. 우리가 중요하게 여기는 가치는 변화를 위한 동기가 됨을 기억하자. 또한, 클레어에게 마음챙김을 실천하는 것이 반대로 행동하기에 포함된 점을 주목하자. 마음챙김은 해로운 생각, 감정, 행동을 잘 다루기 위한 핵심 요소다. 현재의 경험에 머무르면, 원하는 목표에 더 가까워지는 결정을 내릴 수 있다.

심리적 유연성

이 책의 모든 개념, 도구, 기술은 우리가 습관적인 생각, 감정, 행동에서 벗어나 부정적인 생각을 새로운 시각으로 바라보고, 고통스러운 감정을 견디고, 가치 중심의 행동을 선택하도록 도와준다. 스트레스 상황을 대하는 새롭고 대안적인 방식에 마음을 열 때, 사고가 더 유연해진다. 이 책의 모든 내용의 목표는 핵심신념과 그 신념이 촉발되었을 때 따라오는 반응에서 벗어나도록 돕는 것이다. 즉 이전의 자동적 행동으로 되돌아가지 않고, 부정적인 생각과 감정에 빠지지 않으며, 현재에 머물면서 새로운 경험과 대안적 행동에 마음을 여는 것이다.

이것을 심리적 유연성psychological flexibility이라고 하며, 수용전념치료ACT의 핵심 요소라고 할 수 있다. 심리적 유연성이란 "의식하는 인간으로서 현재의 순간과 온전히 접촉하고, 가치 있는 목표를 달성하기 위해 행동을 바꾸거나 지속하는 능력"을 의미

한다. 우리는 심리적 유연성을 통해 가치관과 일치하는 행동에 계속 전념하면서 관계 속에서 행동과 사회적 기능을 개선할 수 있다.

이 책은 당신이 가치관과 목표에 부합하는 행동을 선택하고, 반대로 신체적·정서적·심리적 안녕을 해치는 행동(예: 상황 회피, 분노 반응, 과도한 음주)을 없애거나 극적으로 줄이도록 돕기 위해 설계된 여정이다. 이 책에서 소개한 정보와 기술의 궁극적인 목표는 상황에 따라 필요한 행동을 조정하여 자신의 가치에 가까워지도록 돕는 것이다. 감정적인 혼란에 빠지거나 과거의 스노우볼에 갇히게 되면 선택의 여지가 있음을 인식하지 못할 때가 많다. 이제 우리는 앞서 수행한 일련의 연습을 통해 스트레스 상황에 유연하게 대응할 준비가 되었다. 이전의 해로운 반응 패턴을 확인하고 유익한 반응행동을 새롭게 선택함으로서, 이전과 다른 결과를 가져오고, 자신 및 타인과의 관계에 대한 뿌리 깊은 신념에 도전할 수 있다. 이 과정은 부정적인 감정을 불러일으키는 상황에 대한 자동적인 반응을 바꾸는 데 도움이 될 것이다.

생각과 감정을 바라보는 방식을 바꾸면 이를 판단없이 인식하게 되고, 고정된 시각이나 비판적인 태도에 사로잡히지 않은 채 있는 그대로 받아들이게 된다. 기분 나쁘게 만드는 것에 집중하지 않고 자동적이고 해로운 대처 행동에 휘말리지 않음으로

써 우리의 가치와 가까워지는 행동에 에너지를 쏟을 수 있다.

의식적이든 무의식적이든, 당신은 핵심신념과 그에 따른 두려움에 강하게 집착해 왔다. 내면의 비판자가 끊임없이 쏟아내는 비판을 받아들였고, 자신과 타인을 향한 판단에 동참하며, 상처와 고통을 (일시적이나마) 피하는 방식으로 행동했다. 하지만 이제 부정적인 감정과 정서적 고통을 완전히 없앨 수 없다는 것을 알게 되었다. 그것은 인간 존재의 일부이며, 부정적인 생각, 감정, 경험을 통제하거나 제거하려고 하기보다는 받아들임으로써 그로부터 배우고 성장할 수 있다. 부정적인 생각과 감정을 판단하지 않고 이해하려는 호기심과 개방적인 태도를 갖추면 그로부터 배울 수 있고, 가치 중심의 행동을 할 수 있다. 부정적인 생각과 감정에 맞서 싸우거나 저항하지 않고 스트레스를 받지 않으면, 유익한 행동을 선택하기가 훨씬 쉬워진다.

이제 관계를 맺고 유지하는 데 필수적인 의사소통 기술을 배워볼 차례다. 이 기술을 통해 정직함, 개방성, 이해심을 갖출 수 있다. 시작해 보자.

9장

어떻게 말해야 할까?

친밀한 관계를 만드는 의사소통 기술

"역설적으로, 우리는 남에게 알려진 만큼

자신을 알게 된다."

♥ ♥ ♥

의사소통은 삶의 성공과 행복에 중요한 역할을 한다. 효과적이고 건강한 의사소통을 통해 다른 사람과 연결될 수 있고, 지속되고 사랑이 넘치는 관계를 맺을 수 있다. 반면에, 불충분하고 건강하지 못한 의사소통은 부적절하고 해로운 관계로 이어진다. 당신은 건강한 의사소통의 모델이 없는 가정에서 자랐을지도 모른다. 단기적 효과(기분이 나아짐)는 있지만 장기적인 혜택(지속적이고 사랑이 넘치는 관계)이 없는 의사소통의 패턴에 갇혀 있을 가능성도 있다. 지금까지는 자기 보호적 방식으로 행동하고 반응했을 것이다. 하지만 이제 자신의 의사소통 방식이 관계를 해치거나 건강하고 지속적인 관계를 맺는 데 걸림돌이 된다는 것을 점점 인식하게 될 것이다. 이 장에서 소개하는 기술로 현재 의사소통 방식을 변화시킬 수 있다.

모든 반응과 행동은 과거의 이야기, 즉 과거에서 비롯된 자신에 대한 신념을 반영한다. 그때는 지금보다 더 어렸고, 전혀 다른 사람들과 함께했다. 당신은 과거를 되풀이하거나 추구하는 가치에서 멀어지도록 행동하고 싶지 않을 것이다. 그렇지 않은가?

이제 과거의 이야기를 계속 살아 있게 하는 해로운 의사소통 방식을 버리고, 현재의 관계를 위해 새로운 의사소통을 선택할 때다. 이번 장에서는 핵심신념을 촉발하는 상황이나 대인관계에서 빠지기 쉬운 함정을 피하는 법과 더불어 친밀한 관계를 발전시키는 새로운 의사소통 기술을 소개한다. 자기노출, 경청 (적극적 경청과 경청의 방해물 포함), 필요 표현, 인정, 공감, 사과 등이 여기에 포함된다. 시작해 보자.

자기노출

당신은 아마도 성인이 된 이후의 시간 대부분을 다른 사람들에게 자신의 약점을 숨기며 지냈을 것이다. 다른 사람에게 자신에 대해 무언가를 드러내야 한다는 생각만으로도 두려움이나 수치심을 느낄지도 모른다. 건강하고 풍요로운 인간관계를 맺기 위해 자신을 드러내는 것이 직관에 반하는 일처럼 보이고, 위험하고 상처받기 쉽다고 느낄 가능성이 크다. 자기노출을 상상하는 것만으로도 다음과 같은 생각이 들 수 있다.

"그가 진짜 내 모습을 알게 되면 나를 떠날 거야." ('버림받음' 핵심신념)

"내 경계를 허물면 그가 나에게 상처를 줄 거야." ('불신과 학대' 핵심신념)

"나에 대해 이야기해도 그는 나를 이해하지 못하고 사랑하지 않을 거야." ('정서적 박탈' 핵심신념)

"내 진짜 모습을 보여주면, 그는 내가 사랑받을 자격이 없다고 생각하겠지." ('결함' 핵심신념)

"그가 진짜 내 모습을 알게 되면, 내가 그 사람(또는 다른 사람)만큼 _____ 하지 않다는 것을 알게 될 거야." ('실패' 핵심신념)

핵심신념의 촉발은 있을 수 있는 일이고 이해할 만한 일이다. 다른 사람에게 취약함을 드러내는 것이 쉽다고 말하는 것도, 모든 사람에게 마음을 완전히 열어야 한다는 것도 아니다. 다만 중심을 잡고 당신에 대해 더 알려줄 만한 가치가 있는 사람을 찾

Love Me
Don't Leave Me

길 바랄 뿐이다. 만약 그럴 가치가 '없는' 사람과 가까워지는 경우가 많았다면, 약한 모습을 보일 때마다 매번 고통스러운 감정을 겪었을 것이다. 당연히 3장에서 언급된 핵심신념 촉발 유형(유기자, 학대자, 박탈자, 파괴자, 비판자)에게는 자기노출을 피해야 한다.

현재 관계에서 당신의 태도는 어떠한가? 어떤 모습을 보여주고 있는가? 따뜻한가, 아니면 무뚝뚝한가? 진정한 자기를 드러내고 있는가, 아니면 상처받지 않기 위해 거짓된 자기 뒤에 숨고 있는가? 진정한 자기를 숨김으로써 의미 있는 연결을 스스로 가로막고 있을 가능성을 인정하는가? 물론 핵심신념이 촉발되어 일시적으로 이야기 속에 빠질 수 있겠지만, 이제 당신은 더 이상 그 이야기가 아니다.

앞서 5장에서 당신은 자신의 가치관을 확인했다. 특히 관계 영역에서 가치 중심의 삶을 살기 시작했기를 바란다('나의 가치관을 확인하기' 연습을 참조). 수용, 진정성, 배려, 자비, 연결, 관대함, 정직, 친밀감, 친절, 사랑, 개방성, 상호성, 존중, 자기 인식, 자기 발전, 신뢰 등의 가치에 별표를 했는가? 그렇다면 건강하고 지속되는 관계를 위해 자기노출은 반드시 다루어야 할 중요한 요소다. 물론 여전히 자기노출이 두렵다는 것은 알고 있다.

사실 우리는 알게 모르게 자신에 대한 정보를 자주 노출한다. 우리의 행동, 표정, 몸짓 등이 모두 정보를 전달한다. 이미 우리의 정보를 사람들에게 알리고 있는 것이다. 이제는 효과적이고 적절하게 자기를 노출하는 방법을 배워야 한다. 이 의사소통은 반드시 다른 사람과 함께해야 하고, 진정한 자기(핵심신념으로 왜곡된 자기 또는 매력적인 페르소나가 아닌)에 관한 새로운 정보를 담아야 한다.

『효과적인 의사소통을 위한 기술』에서 저자 매튜 맥케이 Matthew McKay, 마사 데이비스Martha Davis, 패트릭 패닝Patrick Fanning은 쉽게 알 수 없거나 관찰할 수 없는 자기를 공유하기 위해서는 '개방된 자기open self'(자신과 타인이 모두 알고 있는 부분)에서 더 나아가 '숨긴 자기hidden self'(자신은 알지만, 타인은 모르는 부분)까지 드러내야 한다고 설명한다. 즉 숨긴 자기의 관찰, 생각, 감정, 필요를 공유하거나 노출해서 다른 사람에게 알리는 것이다. 개방된 자기가 커지고 숨긴 자기가 작아질수록 자기노출이 자신과 관계에 긍정적인 영향을 미칠 가능성이 커진다.

자기노출이 주는 보상

아직도 설득이 더 필요한가? 맥케이와 동료들이 그들의 책에서 자기노출이 주는 보상에 관해 설명한 것을 살펴보자.

자기 인식의 증가

뭐라고? 이미 자기에 대해서는 숨겨진 부분까지 알고 있는데, 어떻게 이런 일이 가능하단 말인가? "역설적으로, 우리는 남에게 알려진 만큼 자신을 알게 된다(『효과적인 의사소통을 위한 기술』, 23쪽)."

어떻게 이게 가능한지 설명하자면, 자신의 생각, 감정, 필요를 마음속에만 간직하고 말로 내뱉지 않으면 이를 명확하게 표현하는 방법을 배우지 못하게 된다. 생각, 감정, 필요를 명확하게 전달하려면 세부 정보를 덧붙이고, 불일치를 알아차리고, 해결해야 할 문제를 다뤄야 한다. 이렇게 자기를 표현하는 것은 오래 간직해 온 생각과 감정과 필요가 여전히 유효한지 시험해 볼 기회가 된다. 그것들은 열네 살 때 당신의 것이지, 서른다섯 살인 지금의 당신에게는 더 이상 맞지 않을 수 있으니까.

자기의 숨겨진 부분을 더 많이 표현할수록 자신을 더 깊이 이해하게 된다. 자기에 대해 그동안 말하지 못하고 마음속에서만 맴돌던 생각을 다른 사람에게 말할 때, 이를 공유하고 말하는 것을 스스로 들으며 큰 깨달음을 얻을 수 있다. 이러한 새로운 의사소통 방식은 오래된 신념에서 벗어나는 계기가 될 수도 있다. 나 역시 내면의 대화에만 몰두할 때보다 내 생각과 감정과 필요를 다른 사람과 공유할 때 '아하!' 하고 나에 대해 깨닫는 순간이 더 많았다.

더 친밀한 관계

자신의 진정한 모습을 공유하고, 상대방도 자신의 숨겨진 면을 드러내면 관계는 더 돈독하고 깊어진다. 서로 자기노출이 없으면 얕고 만족스럽지 못한 관계가 지속될 것이다. 지금 당신에게 중요한 관계를 떠올려 보자. 과거에 중요했던 관계도 생각해 보자. 나의 경우, 공통된 관심사를 가진 사람들과 함께 밤을 지새우는 것도 좋지만, 나의 숨겨진 부분을 알고 있는 사람들과 시간을 보낼 때가 언제나 더 만족스럽다. 그들은 내 영혼을 풍요롭게 해준다.

향상된 의사소통

자기노출은 피드백 고리다. 자신을 드러내면 상대방도 자신을 드러낸다. 당신이 마음을 열어 자신을 드러내고 취약함을 보여주면, 그들도 당신에게 똑같이 할 수 있다고 느낀다. 이럴 때 의사소통의 폭과 깊이가 확장된다. 몰래 즐기는 리얼리티 쇼의 최신 에피소드부터 샌프란시스코의 노숙자 문제까지(나는 지금 당신에게 내 숨긴 자기의 일부를 노출하고 있다) 서로 다양한 주제에 대해 자유롭게 생각과 감정을 공유하게 된다.

가벼워진 죄책감

나는 아동기와 청소년기를 만성적인 죄책감에 시달리며 보냈다. 원가족과 거리를 두고 나서야, 우리 가족의 어떤 결점(개개인이나 전체)도 외부에 드러나지 않도록 숨겨야 했음을 알게 되었다. 결점은 나쁜 것이며 수치심과 죄책감이 뒤따르곤 한다. 나는 자기노출을 한 후에야 비로소 내 경험이 특별한 것이 아니었음을 알게 되었고, 부모님이 결점을 숨기려고 만들어낸 거짓말들에서 벗어날 수 있었다. 자기를 노출하면 자신이 느끼는 죄책감을 더 객관적으로 바라보게 되며, 비밀이나 잘못, 생각을 숨기느라 쓰는 에너지로부터 해방된다.

더 많은 에너지

완벽하게 보이려고 하거나 다른 사람들이 원하는 모습으로 꾸며내면서 진정한 자기를 숨기는 것은 지치는 일이다. 자신의 일부를 숨길 때 짊어지는 부담은 엄청나다. 다른 사람들이 물어볼까 봐 두려워 깊이 있는 대화를 나누지 않게 된다. 자신에 대해 마음을 열고 숨기기를 멈추면, 당신이 갈망하는 관계를 만드는 데 더 많은 에너지를 쓸 수 있다.

언제 그리고 얼마나 노출할 것인가?

언제 티엠아이too much information, TMI(너무 많은 정보)가 될까? 아기일 때 내가 기저귀를 갈아준 적도 없는 사람에게 자신이 겪은 화장실 일화를 들을 때다! 농담은 제쳐두고, 자기노출이 성공적이지 못한 상황은 첫 데이트 식사를 하는 중에 가장 어둡고 고통스러웠던 경험을 이야기하는 경우일 것이다. 자기노출의 성공 가능성을 높이려면 다음 세 단계를 따르는 것이 좋다.

1단계: 사실fact만을 공개한다. 사실에는 '언제', '어디서', '무엇을', '누구와' 같은 정보가 포함된다. 예를 들어, 직업, 사는 곳 등에 대해 이야기할 수 있다. 이 단계에서는 감정이나 의견을 포함하지 않도록 한다. 당분간 이 단계에 머물러도 좋다. 다음 단계로 넘어가기 전에 편안함을 충분히 느껴야 한다. 즉 상대방에 대해 충분히 알게 되고, 시간이 지나면서 관계가 발전할 가능성이 있다고 느낄 때까지 기다린다. 자신에 대한 사실을 공개하기가 편안해지면 2단계로 넘어갈 수 있다.

2단계: 과거나 미래에 관한 생각, 감정, 욕구를 공개할 수 있다. 예를 들어, 미래의 직업 계획이나 외동으로 자라면서 느낀 감정 등에 대해 이야기할 수 있다. 1단계에서 공개한 사실에 관한 생각, 감정, 욕구도 표현할 수 있다. 단, 현재의 생각과 감정에 대해서는 이야기하지 않는다. 이 단계에서 편안함을 느낄 때 3단계로 넘어간다.

3단계: 가장 어려운 단계인데, 바로 지금 느끼고 생각하고 원하는 것을 공유하는 위험을 감수해야 하기 때문이다. 이 단계에서는 상대방에 대한 끌림, 상대방이 말하는 내용에 대한 감정, 상대방과 함께 있을 때 느끼는 긴장이나 편안함 등을 표현할 수 있다. 또한 자신의 필요를 표현할 수도 있다(이에 대해서는 앞으로 다룰 것이다).

이 단계를 천천히 따라간다. 자기노출은 하나의 과정이다. 만약 나처럼 가족 안팎에서 자기노출을 의사소통 방식으로 배울 수 없던 가정에서 자랐다면, 당신은 지금 새로운 영역에 발을 들이는 것이다. 새로운 기술은 배우는 데 시간이 걸리며 연습이 필수적이다. 안전지대comfort zone °에서 벗어나 관계에서 자기노출로 얻게 되는 보상을 경험해보자.

° 익숙함과 편안함을 느낄 수 있는 환경이나 심리적 상태를 뜻한다. 안전지대에 머무르면 스트레스와 불안이 줄어든다는 이점이 있지만, 새로운 시도를 하지 않아서 성장과 발전의 기회가 제한될 수 있다.

새로운 의사소통 기술을 익히더라도 여전히 두려울 수 있다. 거절, 판단, 벌, 버림받음에 대한 두려움은 자연스러운 것이다. 누군가가 나를 비웃고, 험담하고, 이용할까 봐 두려움이 들 수도 있다. 이런 걱정은 충분히 할 수 있는 것이며, 대부분 아동기와 청소년기의 경험에서 비롯된다. 하지만 당신의 부정적인

Love Me
Don't Leave Me

특성 하나를 나눈다고 해서 상대방이 당신을 완전히 나쁘게 볼까? 무엇이 두려운지 솔직하게 털어놓으면 상대가 그 정보를 이용해서 조종하려고 할까? 아니면 자기 인식이 증가하는 것이 두려운가? 자기노출을 시도할 때 안 좋은 경험을 할 가능성도 있다. 이러한 경험을 최소화하려면 2장을 다시 살펴보고, 핵심신념을 촉발하는 유형의 사람들을 피하고 건강하지 않은 관계의 경고 신호에 주의해야 한다.

경청의 기술

경청은 건강한 의사소통에 필수적인 기술이며, 관계를 지속하는 데 꼭 필요한 부분이다. 내 말을 상대가 진정으로 듣는다고 느끼는 것은 매우 강력한 경험이다. 상대에게 배려받고, 인정받고, 중요한 존재로 여겨지는 느낌을 준다. 누군가가 일상 속 많은 방해 요소에도 불구하고 앉아서 진심으로 이야기를 들어준다면 그 사람과 깊은 연결감을 느끼게 된다. 특히 자신에 대한 중요한 정보를 공유할 때면 상대방이 정말로 귀를 기울이는지 알고 싶을 것이다. 적극적 경청의 기술을 소개하기 전에 먼저 경청을 방해하는 요소들을 살펴보자.

경청의 방해 요소들

대화를 나누는 데 최선을 다하더라도, 우리는 항상(의식적이든 무의식적이든) 경청의 방해 요소들과 싸우고 있다. 이러한 방해 요소들을 극복하는 가장 좋은 방법은 그것들을 인식하는 것이다. 이를 위해 필요한 것을 알아보자.

가짜 경청과 진짜 경청

누구나 가짜 경청, 즉 한 귀로 듣고 한 귀로 흘린 적이 있을 것이다. 나와 내 딸 켈리도 이런 경험이 있으며, 서로 상대가 그렇게 할 때 금방 알아챈다. 우리의 대화는 보통 이렇게 흘러간다. 내가 이야기하는 도중에 평소라면 켈리가 반응했을 법한 말을 했는데도 아무런 대답이 없으면, 온전히 집중하고 있지 않다는 걸 알게 된다. 그래서 "켈리, 내 말 듣고 있어?"라고 물으면, "네, 엄마가 한 말 다 들었어요."라고 대답하며 내 말을 그대로 반복한다. 하지만 실제로는 내 말을 제대로 이해하지 못한 게 확실하다. 말은 들었지만, 생각할 시간을 더 주거나 다시 한번 말해주지 않으면 내게 의미 있는 피드백을 줄 수 없기 때문이다. (솔직히 말하면, 켈리도 나에게 똑같이 불만을 제기하고, 내 두 아들 제이크와 에릭도 내가 아이폰을 보고 있을 때는 전혀 경청하지 않는다고 할 것이다. 멀티태스킹이란 게 이렇다!) 이것이 바로 가짜 경청의 예다.

우리가 **진정으로** 경청하지 않을 때 침투적인 생각이나 내면의 대화가 끼어들 공간이 생긴다. 자신이 진짜로 경청하는지 가짜로 경청하는지 주의 깊게 살펴보자. 대화에 온전히 몰두하지 않으면 중요한 정보를 놓치고 관계를 발전시킬 기회도 잃게 된다.

경청의 방해물

상대방이 전달하려는 내용에 집중하지 못하게 가로막는 방해물은 많다. 연수, 세미나, 회의 같은 모임에서 아이스브레이킹 삼아 돌아가면서 자신에 대해 조금씩 이야기하는 상황을 겪은 적이 있을 것이다. 가장 최근에 내가 참석했던 행사의 진행자는 "당신이 내 진짜 모습을 알게 된다면…"으로 시작하는 문장을 완성하라고 요구했다. 이 안내를 받고 나서, 사람들은 아무도 제대로 경청하지 않는 것 같았다. 자신이 말할 내용을 속으로 연습하거나(앞 사람의 이야기를 듣고서 내용을 바꿀지도 모르는데 말이다), 다른 참가자들의 말을 판단하거나('캄캄한 곳에서 옷을 고른 건가?'라는 식의 판단도 포함된다), 다른 사람과 자신을 비교하거나('와, 저 여자 정말 똑똑하네!'), 저녁에 할 일('이거 끝나면 큰 칵테일 한 잔이 필요하겠어!')을 생각하는 데 관심이 쏠려 있었다. 누구나 이런 경험이 있을 것이다. 경청에 방해가 되는 요소들은 누군가와 대화할 때

나 핵심신념을 자극하는 상황에서 더욱 심해진다.

경청 방해물의 유형

이제 이러한 경청의 방해물을 알아보자. 매튜 맥케이, 마사 데이비스, 패트릭 패닝은 우리가 전달받는 내용을 제대로 이해하지 못하게 방해하는 경청의 방해 요소 열두 가지를 정리했다.

- ▸ **비교하기**: 듣는 사람이 말하는 사람의 상황과 자기의 경험을 비교하는 데 집중하면 의사소통이 왜곡된다(이는 '실패' 또는 '결함' 핵심신념을 가진 사람들에게서 더 흔하다).
- ▸ **독심술**: 말하는 사람의 '진짜' 생각과 감정을 파악하는 데 집중하면 의사소통이 왜곡된다. 핵심신념이 촉발될 때 자주 나타나는 경청의 방해물로, 과거의 경험과 이야기를 바탕으로 결과를 예측하려고 한다.
- ▸ **리허설**: 듣는 사람이 말하는 사람에게 어떻게 대답할지 준비하느라 분주하면 의사소통이 왜곡된다.
- ▸ **걸러내기**: 말하는 사람의 목소리 톤이나 주제에 불쾌감을 느끼면 경청을 중단하거나 다른 생각에 빠져서 의사소통이 왜곡된다. 핵심신념이 촉발된 사람에게서 흔히 볼 수 있는 경청의 방해물이다.

▶ **판단하기**: 듣는 사람이 내용을 지나치게 빨리 판단하려고 하면 경청이 중단되고 전체 내용이나 의미를 놓치게 되면서 메시지가 왜곡된다. 핵심신념이 활성화되면서 강한 부정적 정서 반응을 겪는 사람들에게 흔히 볼 수 있다.

▶ **백일몽**: 듣는 사람이 공상에 빠지면 의사소통이 왜곡된다.

▶ **동일시하기**: 듣는 사람이 자기의 경험도 말하려고 말을 끊으면 말하는 사람이 이야기를 온전히 전달하지 못해 의사소통이 왜곡된다.

▶ **조언하기**: 말하는 사람의 경험을 다 듣기도 전에 조언하면 의사소통이 왜곡된다.

▶ **논쟁하기**: 듣는 사람이 서둘러 반박하거나 논쟁하려 할 때 의사소통이 차단된다.

▶ **옳음을 주장하기**: 듣는 이가 자신이 틀리지 않았음을 주장하려고 애쓰면 의사소통이 차단된다.

▶ **주제 전환하기**: 듣는 이가 대화의 주제를 바꾸면 의사소통이 왜곡된다.

▶ **회유하기**: 듣는 이가 친절하고 지지적으로 보이는 데에 너무 집중하면 제대로 경청할 수 없고 의사소통이 차단된다.

우리는 모두 의식적으로든 무의식적으로든 경청의 방해물

을 사용한다. 이는 나쁜 습관이며 건강한 의사소통을 방해하고, 의미 있는 관계를 맺는 데 걸림돌이 된다. 이제 당신에게 있는 경청의 방해물을 인식하고 건강한 의사소통에 한 발 더 다가가자.

나의 경청 방해물 확인하기

사람들은 대부분 자신에게 경청 방해물이 있다고 인식하지 못한다. 이를 인식하는 데 도움을 주려고 이 연습을 준비했다. 경청의 방해 요소를 잘 이해하면 더 나은 의사소통을 할 수 있으며, 좋은 의사소통은 건강한 관계를 맺는 데 도움이 된다.

일지에 당신이 불쾌했거나, 상대방을 불쾌하게 했거나, 오해가 발생한 상호작용을 기록해 보자. 그 후 다음 질문에 답해 보자.

▸ 촉발요인은 무엇인가? (대화 주제, 사람, 상황을 설명한다.)

▸ 경청의 방해물 중 무엇을 사용했는가? (비교하기, 독심술, 리허설, 걸러내기, 판단하기, 백일몽, 동일시하기, 조언하기, 논쟁하기, 옳음을 주장하기, 주제 전환하기, 회유하기)

모니크에게는 '버림받음'과 '실패'의 핵심신념이 있다. 그녀가 작성한 내용을 살펴보자.

> ▹ 촉발요인은 무엇인가?
>
> 누가 얘기하든 그렇지만, 특히 남자친구가 "나랑 얘기 좀 해"라고 말하는 것.
>
> ▹ 경청의 방해물 중 무엇을 사용했는가?
>
> 걸러내기. 그 얘기가 나에 대한 부정적인 내용이란 생각이 들고, 결국 불쾌해질 것 같아서 듣는 것을 멈춘다.

분명히 모니크는 남자친구나 다른 사람들과의 중요한 의사소통을 놓치고 있다. 일단 경청의 방해물을 파악하고 나면, 그것이 의사소통을 왜곡하고 관계의 풍성함을 제한하고 있음을 쉽게 알 수 있다. 개방성은 건강한 관계를 발전시키는 열쇠이며, 여기에는 다른 사람이 우리에게 하려는 말에 개방적인 태도를 갖는 것도 포함된다.

적극적 경청

적극적 경청active listening은 오래 지속되는 다정한 관계를 만드는 데 꼭 필요한 기술이다. 이를 위해서는 의사소통 과정에 적극적으로 참여하고, 자신에게 있는 경청의 방해물을 인식해야 한다. 적극적 경청은 단순히 상대방의 말에 귀 기울이는 것뿐만 아니라, 말, 몸짓, 눈 맞춤으로 자신이 경청하고 있음을 표현하는 것이다.

적극적으로 경청하기 위한 세 단계가 있는데, 이를 통해 건강한 의사소통이 증진된다. 비판 없이 질문하고 피드백하면 상대는 당신이 집중하고 있음을 알게 된다. 이 기술을 올바르게 규칙적으로 사용하면 확증편향, 인지왜곡, 경청의 방해물 등을 없애거나 최소화할 수 있다.

1단계: 바꿔 말하기

바꿔 말하기Paraphrasing는 상대방이 말한 내용을 자기 말로 표현하는 것이다. 핵심신념을 자극하는 주제에 대해 대화할 때는 바꿔 말하는 것이 중요하다. 그러면 순간적인 오해를 방지할 수 있기 때문에 잘못된 추측과 인지왜곡이 즉시 해결된다. 또한 바꿔 말하기는 나중에 대화를 기억하는 데도 유용하다. 이 방법을 통해 오해를 없애고 명확한 의사소통을 할 수 있다.

2단계: 명확히 하기

명확히 하기 Clarifying는 바꿔 말하기의 확장판이다. 전달된 내용을 명확하게 이해할 때까지 질문하는 과정이 포함된다. 질문을 통해 내용을 더 잘 이해하기 위한 세부 정보를 채울 수 있다. 우리가 의사소통에 적극적으로 참여하고 있음을 상대에게 알려주는 신호가 되기도 한다.

3단계: 피드백

마지막 단계는 대화에서 얻은 정보를 바탕으로 자신의 반응을 비판적이지 않게 이야기하는 것이다. 이를 **피드백**Feedback이라고 한다. 피드백은 생각과 감정을 나눌 기회가 된다. 예를 들어, 상대방의 메시지는 이해했더라도 감정에 대해서는 확신하지 못할 수 있다. 이럴 때는 "당신의 생각은 이해했는데, 그에 대해 어떻게 느끼는지는 잘 모르겠어요."라고 말할 수 있다.

피드백은 상대에게도 도움이 된다. 그가 자신의 의사소통이 효과적인지 알 수 있고, 오해나 잘못된 소통 방식을 신속하게 바로잡을 수 있기 때문이다. 피드백할 때 지켜야 할 세 가지 중요한 규칙이 있다. 피드백은 즉시 해야 하며, 정직해야 하고(상처를 줘도 된다는 말은 아니다), 지지적이어야 한다.

적극적 경청은 강력하고 건강한 의사소통 수단이며, 지금 이 순간 대화를 경청하지 못하게 막는 많은 장애물을 없애준다. 또한 핵심신념으로 인해 끊임없이 반복되는 악순환에 빠지지 않도록 도와줄 것이다.

필요를 표현하기

마지막으로 누군가에게 자신의 필요를 말한 적이 언제인가? 필요를 표현하는 것은 겉보기에는 쉬워 보일 수 있지만, 실제로는 생각보다 어려운 기술이다. 왜 자신의 필요를 표현하는 것이 이토록 어려울까? 아마도 필요를 말하는 연습을 해본 적이 거의 없어서일 것이다. 필요를 억누르거나, 무시했거나, 그다지 필요한 것이 없다고 말하며 다른 사람의 필요만을 충족시키려 했을지도 모른다. 문제는 그러면서 당신이 원하는 것에 가까워지지 않고 오히려 더 멀어졌다는 점이다. 그렇게 오랜 세월 동안 필요를 표현하지 않다가 이제야 비로소 표현하라는 얘기를 듣게 되었다. 사실 당신은 오랫동안, 의식적이든 무의식적이든 자신의 필요를 말하고 싶었을 것이다. 하지만 상황이 복잡해질까 봐 혹은 거절당할까 봐 그 필요를 무시하고 억눌렀을 것이다. 또는 필요를 계속 억누르다 보니 그것이 쌓이고 쌓여, 마침내 표현했을 때 대화가 잘 풀리지 않았던 경험도 있을 것이다. 흔들리는 추 pendulum가 가운데에서 멈추기까지 양쪽 끝을 오가는 것처럼, 필요를 표현해 본 경험이 없다면 처음에는 그 전달 방식이 다소 미숙할 수 있다.

나 역시 쉽게 자신이 원하는 것을 요구하는 사람들을 볼 때면 항상 매료되었지만, 나의 필요를 인식하고 그것을 표현할 용기를 내는 건 어려웠다. 내 필요가 받아들여지지 않거나 충족되지 않을 것이 예상되어 두려웠던 탓도 있다. 필요를 표현하는 것에는 과거의 경험, 기억, 감정이 얽혀 있다. 강렬한 경험이 아니더라도 그렇다. 두려움을 줄이기 위해서는 먼저 필요를 분석해 볼 필요가 있다. 당신의 필요가 '현재' 상황과 관련이 있는가, 아니면 지난 20년 동안 충족되지 않았던 확신에 대한 필요가 누적되거나 가득 차서 생긴 것인가? 얼마나 많은 것을 요구하고 있는가? 관계의 기간과 깊이에 비추어 볼 때 당신의 필요가 현재에 대한 것이고 현실적인가? 아니면 돌봄, 확신, 사랑, 이해 등을 받지 못했던 과거 기억으로 인해 발생한 것인가?

평생 당신의 필요가 충족되지 않았던 것처럼 느낄지도 모른다. 필요와 충족 사이의 간극이 클 수 있으며, 이 격차가 클수록 많은 고통, 분노, 좌절, 원망, 슬픔, 외로움, 실망이 자리하게 된다.

러스 해리스Russ Harris의 책 『역경 마주하기』에서는 이것을 '현실 격차Reality gap'라고 부른다. 그 어떤 사람, 상황, 새로운 기술도 이러한 감정을 완전히 없애 줄 수는 없다. 이러한 감정들은 우리 삶의 일부이며 어떠한 계기로 촉발될 때마다 다시 나타날 것이다. 중요한 것은, 이러한 감정에 어떻게 반응하느냐가 이 격차의 크기에 영향을 미친다는 사실이다. 자기 파괴적인 행동을 하면 격차는 더욱 커질 것이다. 반면, 건강한 대처전략과 기술을 사용하면 이 간극을 줄이는 데 도움이 된다.

슬픈 진실은 모든 필요를 충족시키며 사는 사람은 아무도 없다는 것이다. 그리고 충족되지 않은 필요들로 가득 차 있다면, 그 고통의 저수지를 없애줄 누군가가 나타나기란 쉽지 않다. 하지만 좋은 소식은, 우리가 이 간극 때문에 얼마나 고통을 받을지 스스로 조절할 수 있다는 사실이다. 항상 받지 못한 것만을 생각하는가? 이 간극에 집중하는가? 그 상태에 갇혀 있는가? 필요를 충족시켜주지 않은 사람에게 화가 나는가? 다른 사람들의 필요는 모두 충족되었는데 자신만 그렇지 못하다는 생각에 좌절감을 느끼는가?

우리는 자신의 이야기를 알고 있다. 1장과 2장에서 그것을 살펴봤다. 당신의 필요와 실제로 얻은 것 사이에 존재하는 공간이 격차다. 마치 과거 이야기에 갇혀 있듯 그 격차에 갇혀 있는가? 거기에 갇혀 있는 것은 유익한가, 아니면 힘든가? 당신이 원하는 건강한 관계에 도움이 되는가? 이제 그 이야기에서 벗어나야 할 때가 왔다. 그것은 지난 일이고, 도움이 되지 않는다. 이제는 현재에 집중하고 자신의 필요를 확인해야 한다.

현재의 필요를 확인하기

누군가에게 나의 필요를 충족시켜 달라고 요청하기 전에 나의 필요를 파악하는 시간을 갖고, 현재의 필요와 과거의 경험을 구별하는 것이 중요하다. 과거의 경험을 확인하면, 과거에 충족되지 않은 필요가 섞인 요청이 아닌지 스스로 구별할 수 있다. 과거 다른 사람과의 경험이 아닌, 특정 사람과 함께하고 있는 현재 상황 및 경험에 집중해야 한다.

일지에 다음 질문에 대한 답을 기록해 보자.

▸ 현재 상황:
▸ 현재 감정:
▸ 현재 필요:
▸ 과거 경험:

나의 필요가 현재의 것이며 적절한 사람에게 요청하고 표현하고 있음을 확인했다면, 이제 나의 필요를 알려도 된다.

필요를 표현하기 위한 지침

다음은 필요를 표현할 때 따라야 할 몇 가지 지침이다.

1. 상대방을 비난하거나 잘못을 탓하는 방식으로 필요를 표현하지 않는다(예: "나에게 너무 냉정하게 대하지 않으면 좋겠어").

2. 경멸하거나 판단하는 듯한 표현을 사용하지 않는다(예: "당신이 덜 비판적이면 좋겠어").

3. 당신의 필요는 구체적이어야 하며(예: "TV를 볼 때 내 손을 잡아줄 수 있어?") 막연해서는 안 된다(예: "내게 더 애정을 보이면 좋겠어").

4. 한번에 너무 많이 요구하지 않는다. 이 과정은 단계적으로 진행되어야 한다. 또한 현재의 필요에 집중해야 한다는 것을 기억하자. 그렇지 않으면 만성적인 실망 상태에 빠지게 될 것이다. 충족되지 않은 과거의 필요를 보상해 줄 수 있는 사람은 아무도 없기 때문이다.

Love Me
Don't Leave Me

필요를 표현한다고 해서 항상 충족되는 것은 아니다. 하지만 당신을 진심으로 아끼는 사람이 당신의 필요를 예측하고 충족시켜 줄 것이라는 기대 때문에 생기는 오해를 줄일 수 있다. 이러한 오해는 분노, 실망, 원망으로 이어지며 상황과 관계를 불필요하게 복잡하게 만들 수 있다. 현재의 필요를 명확하게 표현하면, 당신이 원하는 건강하고 사랑 가득한 관계에 더 가까워질 것이다.

타당화

타당화 validation는 많은 사람에게 익숙한 용어다. 그러나 그것이 진정으로 의미하는 바가 무엇이고, 왜 건강한 의사소통의 중요한 요소인지 생각해본 적이 있는가? 언어적·비언어적 타당화는 상대의 말, 감정, 행동을 당신이 듣고 이해하고 있음을 표현하는 것이다. 이는 동의나 반대를 표현하는 것이 아니다. 상대방의 경험을 이해하고 그것이 정당하다고 받아들이는 것을 의미한다. 그러려면 상대방의 생각과 감정을 탐색하기 위해 부드럽게 질문할 필요가 있다.

타당화는 건강한 언어 교환의 순환을 가져오기 때문에 배워야 할 중요한 의사소통 기술이다. 누군가가 생각과 감정을 표현했을 때, 상대방이 논쟁, 분노, 판단, 상처받음 없이 이를 받아들이고 인정해 주면 마음이 진정되며, 부정적인 감정이 줄어들고 신뢰와 친밀감 등 긍정적인 정서가 증대된다.

또한 타당화는 상대의 자기노출을 촉진한다. 자기노출을 하고 있는데 상대가 내 생각과 감정을 인정하고, 나아가 내 말을 더 잘 이해하기 위해 명확한 질문을 한다면 자기노출을 더 많이 할 가능성이 크다. 타당화 됨을 느낄 때 개인적인 정보를 공개하기가 더 쉬워진다.

당신은 성장하면서 거의 또는 전혀 타당화를 경험하지 못했을 수 있다. 오히려 감정, 욕구, 욕망, 신념, 의견이 강하게 무시되는 경험을 했을 수도 있다. 이는 틀림없이 당신이 느끼는 실망, 좌절감, 분노, 슬픔, 우울, 불안, 무가치감, 단절감, 외로움에 영향을 끼쳤을 것이다. 어린 시절에 정서적 안전감이 부족했을지도 모른다. '버림받음'과 연관되는 정서적 고립을 경험했을 가능성도 있다. 혹은 매우 친밀한 사람과 감정을 공유했는데 그들이 당신을 상처입히고 배신·조종·이용했을지도 모른다. '불신과 학대' 핵심신념을 가진 사람이 이것을 자주 경험한다. '정서적 박탈' 핵심신념이 있다면, 당신이 감정을 공유했는데 상대가 이해와 상호작용을 충분히 해 주지 않은 경험이 있을 것이다. 또는 감정을 공유했는데 친밀한 사람이 당신에게 결함이 있는 것처럼 여겨서 당신 스스로 무가치하다고 느꼈을지도 모른다. 이는 '결함' 핵심신념이 있는 사람에게 흔한 경험이다. 어린 시절 또래나 형제들에 비해 부족하다는 이유로 무시와 놀림을 받아 자신이 충분히 좋은 사람이 아니라고 느꼈을 수도 있다. 이러한 이유로 감정을 표현하지 않는다면 '실패' 핵심신념을 가진 사람의 사례로 볼 수 있다. 타당화를 경험하지 못해서 그로부터 얻는 정서적 보상을 누리지 못한 것이다. 알란 프루제티Alan Fruzzetti 박사의 저서 『커플 연습』에서는 누군가가 우리의 생각, 감정, 필요를 이해하고 받아들일 때, 안도감, 위로, 진정됨을 경험한다고 설명한다. 이해받고 수용되는 것은 매우 강력한 경험이다.

무엇이 타당화인가?

당신은 타당화 경험이 많지 않을 수 있으니, 몇 가지 기본적 사항을 짚어보자(『커플 연습』, 101쪽). 먼저, 어떻게 타당화해 줄 수 있을까?

▶ **"정말 그렇구나"**: 누군가의 경험이나 감정이 실제로 존재함을 타당화해 주는 것은 강력한 힘을 지닌다. 예를 들어, "난

무서워"라는 감정 표현에 "자기가 무서워하는 게 보여"라는 말로 타당화해 줄 수 있다. 반면에 "무서워할 것 없어"라는 말은 타당화해 주지 않는 것이다. 다시 말해, 상대방이 실제로 느끼고 경험하고 있다면 그것은 타당하며, 타당화해 줄 가치가 있다.

▶ **"그럴 수 있지"**: 특정 상황에서 우리는 어린 시절이나 과거의 관계 경험에 따라 정상적인 반응 범위 안에서 과소 또는 과잉 반응을 보일 수 있다. 예를 들어, 분노가 신체적 폭력과 연관된다고 믿는 사람은 그 감정이 나타날 때 더 불안해하거나 두려워할 수 있다. 이런 반응에 당신은 "자기가 왜 이런 반응을 보이는지 이해해"라는 말로 타당화해 줄 수 있다.

▶ **"그게 정상이야"**: 이는 대다수 사람이 일반적으로 보일 것 같은 반응이라고 타당화해 주는 것이다. "나라도 똑같이 생각했을/느꼈을 거야" 또는 "나라도 똑같이 하고 싶었을/행동했을 거야"와 같은 반응을 예로 들 수 있다.

무엇을 타당화해야 하는가?

이제 우리가 무엇을 타당화해야 하는지 살펴보자.

▶ **감정**: 긍정적 감정과 부정적 감정 모두 타당화해 주는 것이 중요하다. 부정적 감정이 타당화되면 마음이 진정된다. 긍정적 감정은 타당화를 통해 더 강화된다. 이 두 경험을 통해 당신과 상대는 더 친밀해지고 서로의 경험을 더 깊이 이해하게 된다.

▶ **욕구와 바람**: 이 두 가지는 상대방에 대한 중요한 정보를 담고 있다. 이번 장에서 자기노출에 대해 알아본 것처럼, 이러한 정보는 숨긴 자기에서 개방된 자기로 전환시켜 관계를 풍성하게 한다. 욕구와 바람을 타당화해 주면 자기를 더 많이 노출하게 된다. 물론, 모든 영역에서 타당화는 자기노출을 촉진한다.

▶ **신념과 의견**: 상대의 신념이나 의견이 나와 다르더라도 타당화해 주면, 상대는 존중받고 허용받는 느낌을 받게 된다.

▶ **행동**: 상대의 행동을 타당화해 주면 당신이 주의를 기울이고 있고 신경 쓰고 있다는 메시지가 전달된다.

▶ **고통**: 상대의 강렬한 고통을 타당화해 주면 당신이 그를 이해하고 아끼고 받아들이며, 곁에 있다는 것을 전달할 수 있다.

공감

공감은 깊고 지속적인 관계를 위해 개발해야 할 중요한 기술이다. 이 책의 초반부에서 언급했듯이, 정도는 달라도 우리는 모두 고통스러운 경험과 사건으로 인해 형성된 핵심신념이 있다. 이 고통은 우리 모두와 항상 함께한다. 이런 이유로 모든 사람은 생존을 위해 각자의 고통을 계속 애쓰며 관리하는 존재라고 보는 것이 합리적이다. 다소 극적으로 들릴 수 있지만, 우리는 각자 생존을 위해 매일 싸우고 있다. 이는 인간의 공통분모인 셈이다.

그러나 생존을 위한 투쟁을 드러내는 방식은 서로 다르다. 당신에게는 다른 사람들의 고통을 이해하는 능력이 있을 것이다. 물론 그들이 고통을 해결하는 방법에는 동의하지 않을 수 있지만 말이다. 이해하는 것은 동의한다는 의미가 아니다. 다른 사람의 경험에 연결되어 그가 느끼는 감정을 함께 느끼는 것이다. 특히, 자신을 힘들게 하는 사람을 대할 때 그를 어린아이라고 상상하면 '느껴지는' 연결감, 즉 공감을 끌어낼 수 있을 것이다.

사과

다른 사람의 경험에 공감하게 되면, 자신의 말과 행동 때문에 상대방이 상처받은 사실을 알게 된다. 사과는 상대방의 고통을 덜어주고, 자신의 경험이 이해받고 있다고 느끼게 해주는 강력한 수단이다.

사과하는 방법을 제대로 배우지 못한 사람이 많다. 이는 보통 부모들이 자녀에게 사과하는 경우가 드물기 때문이다. 특히 과거 세대에서는 사과를 약점으로 여기는 경향이 있었다. 만약 '결함'이나 '실패' 핵심신념을 가지고 있다면 자신의 무능함, 부족함, 실패가 드러날까 봐 두려워 사과하기를 주저할 수도 있다.

사람들은 대부분 사과를 긍정적으로 받아들인다. 중요한 것은 사과를 표현하는 방식이다. 진심이어야 하며, 상대방도 그 진심을 느낄 수 있어야 한다. 당신이 한 말과 행동이 상대의 감정을 상하게 했음을 이해하고 있다고 상대가 느껴야 한다. 자신의 말과 행동에 책임져야지, 상대방이 오해했다고 탓하는 듯한 느낌을 주어서는 안 된다. "당신의 감정이 상해서 유감입니다"와 "당신의 감정을 상하게 하는 말을 해서 죄송합니다"는 매우 다른 표현이다. 올바르게 사과하려면 연습이 필요하지만, 오래 지속되는 다정한 관계를 구축하기 위해 반드시 배워야 할 중요한 기술이다.

이번 장에서는 건강하고 사랑이 가득한 관계를 형성하는 데 필수적인 의사소통 기술을 소개했다. 언급한 기술은 모두 중요하며, 어느 하나만으로는 효과를 볼 수 없다. 무엇보다도, 연습하지 않으면 아무것도 제대로 쓸 수 없을 것이다. 기회가 생겼을 때 건강한 대화를 나눌 수 있도록 이 기술을 자주 복습하고 개념을 익히자. 만약 중간에 동력을 잃거나 필요한 변화에 대한 자신감이 떨어지면, '나의 가치관 확인하기' 연습에서 작성한 가치 목록을 다시 보며 동기부여를 얻자. 당신은 할 수 있다!

Love Me
Don't Leave Me

10장

연애 시작! 이제 어떻게 하지?

새로운 관계를 위한 모든 것

데이트의 세계는

불확실성과 모호함으로 가득 차 있다.

♥ ♥ ♥

데이트가 자기 이해, 자기자비, 자기 사랑을 향한 여정의 일부라는 것을 알기를 바란다. 현실적이면서도 희망찬 기대를 안고 데이트에 임하자. 적어도 자신에 대해 더 많이 알게 되고, 이 책에 소개된 여러 도구와 기술도 연습할 수 있을 것이다.

6개월 전에 햇볕 때문에 생긴 기미를 제거하러 피부과에 갔다. 치료 후 몇 주가 지나자 기미가 흐려지거나 사라졌다. 그리고 며칠 전, 다시 피부과를 찾은 나는 이렇게 말했다. "왜 다시 기미가 생기는지 모르겠어요. 자외선 차단제도 바르고, 운동은 새벽에 하고, 일광욕도 하지 않는데 말이죠." 그러자 의사가 대답했다. "추가 손상을 막는 올바른 조치를 취하고 계시네요. 지금 올라오는 기미는 과거의 햇볕 손상 때문입니다. 열세 살에 하와이에서 일광 화상을 입었을 수도 있고, 대학교 봄방학에 멕시코로 여행 갔을 때 생겼을 수도 있죠." 그 말을 듣고 이런 생각이 들었다. '이건 마치 우리의 핵심신념 같네. 추가적인 상처를 막으려고 행동을 긍정적으로 바꾸더라도 과거의 상처가 다시 나타나고, 그럴 때면 온갖 수를 다 써야 하듯이.' 이 책에서 배운 기술과 도구들을 사용하면 관계가 더 성공적으로 변하겠지만, 그렇다고 해서 핵심신념이 촉발되지 않는다거나 과거의 문제를 처리할 필요가 없어지는 것은 아니다. 그리고 데이트를 하게 되면 핵심신념과 그에 따른 생각, 감정, 반응행동 충동이 촉발될 가능성이 커진다. 이는 흔히 있는 일이다. 지금까지 배운 기술을 활용하여 현재에 집중하고 유익한 행동을 시도해 보자.

새로운 사람과 만나는 과정에서 때때로 옴짝달싹 못하거나 혼란스럽거나 압도되는 것은 필연적이며 당연한 일이다. 처음 만나는 사람과 상호작용하게 되면 실수하기 쉽다. 데이트의 세계에는 불확실성과 모호함이 가득하다. 하지만 이제 자신에 대해 많이 알게 되었고, 이는 사람들과의 상호작용을 의식적으로 탐색하는 데 도움이 될 것이다. 그리고 이미 알고 있듯이, 우리는 모두 핵심신념을 가지고 있다. 이제 어떻게 자신의 핵심신념을 계속 관리하는 동시에 상대의 핵심신념을 다룰지 살펴보자.

상대의 핵심신념

자신을 계속 인식하듯 상대에 대한 인식을 확장하는 것도 중요하다. 상대를 알아가다 보면 그 사람의 핵심신념을 어느 정도 추측할 수 있다. 2장에서 다룬 내용을 복습하고 각 핵심신념과 관련된 내용을 기억해 두자. 여기서 중요한 점은 핵심신념 자체는 문제가 아니라는 것이다. 따라서 핵심신념에 대한 정보는 가볍게, 비판 없이 받아들여야 한다. 진짜 문제는 핵심신념에 따른 반응행동이다. 상대방이 어떤 행동으로 반응하고 당신과 다른 사람에게 어떻게 행동하는지는 당신에게 영향을 주게 된다.

'버림받음' 핵심신념이 있는 사람은 상대방이 물러나거나 거절하려는 기미에 지나치게 민감한 반응을 할 수 있다. 따라서 우리는 상대의 행동이 불편하더라도 수용할 만한 정도라면 참아내야 한다. 행동 패턴은 시간이 흘러야 드러나므로 예상보다 더 많이 지켜보고 기다려야 할 수도 있다. 상대방이 계속 신뢰할 수 있는 사람인지, 아니면 예측할 수 없는 사람인지 파악하는 데에는 시간이 필요하다. 마음챙김을 통해 현재에 머물고 주의 분산 활동을 하면, 연애 초반에 불가피하게 겪는 모호함과 불확실성을 다룰 수 있다.

이제 당신에게 좋지 않은 유형의 사람을 알아보자.

▶ **예측 불가형**: 자주 계획을 취소하거나, 변경하거나, 마지막 순간에 계획을 세운다. 정기적인 연락을 기대할 수 없다. 예측할 수 없는 사람인데도 매력적으로 보이는 이유는, 그가 일단 나타나기만 하면 매우 잘해주기 때문이다. 이런 사람에게는 끌리기 쉬우므로 조심해야 한다. 당신의 감정을 혼란에 빠뜨릴 것이다.

▶ **불안정형**: 삶에 항상 큰 변화가 있다. 자주 이사 다니거나, 친구가 자주 바뀌거나 별로 없다. 직장도 평균치 이상으로 자주 바뀌며, 언제든 정리하고 떠날 준비가 된 사람처럼 보인다. 이런 사람의 자유분방한 모습은 매력적일 수 있지만, 당신에게는 적합하지 않다.

▶ **부재형**: 함께 있는 시간은 마법처럼 황홀할 수 있다. 그는 당신에게 완전히 빠져 있는 듯하다가 갑자기 사라져 버린다. 당신은 무슨 일이 생긴 건 아닌지 궁금해진다. 함께 즐거운 밤을 보내고 다시 만나기로 약속했는데, 이틀이 지나도 그에게서 연락이 오지 않는다.

불안정형은 당신은 물론, 그 누구에게도 좋은 짝이 되지 못한다. 예측 불가형과 부재형은 그 행동이 데이트 초기에만 그런지 아니면 일관된 행동 패턴인지 좀 더 시간을 두고 살펴볼 필요가 있다.

빌리는 친구들과 함께 식사를 하러 간 식당에서 로브를 만났다. 로브는 빌리에게 다가와 명함을 건네며, 커피나 식사를 같이하자고 말했다. 빌리는 그에게 전화를 걸어 약속을 잡았다. 로브는 첫 데이트를 훌륭하게 준비했고, 두 사람 모두 즐거운 시간을 보냈다. 그들은 이틀 후에도 다시 만났다. 그런데 그 후로 일주일이 지나도록 로브에게서 연락이 없었다. 약속을 다시 잡았지만, 약속 당일 로브는 연락하지 않았고 빌리의 문자에도 답하지 않았다. 두 사람은 사귀는 걸까, 아닐까? 그는 나중에 연락해서 일이 꼬였다고 설명했다. 빌리는 직감을 무시하고 그와 다시만나 좋은 시간을 보냈다. 로브는 다시는 이런 일이 없을 거라고 사과했지만, 같은 일이 반복되었다. 결국 빌리는 그와 헤어지기로 결심했다.

상대와 함께 있는 시간이 즐겁지 않다면 헤어지기 쉽다. 그러나 함께하는 시간이 즐겁다면 헤어지기란 쉽지 않다. 하지만 불규칙한 즐거움은 진짜 즐거움이 아니다. 그래서 데이트하는 도중이나 이후에 자신의 느낌을 인식하는 것이 중요하다. 생각, 감정, 관찰을 기록하고 데이트와 의사소통에 대해 기록해 두자. 만나는 동안 즐거운 시간보다 걱정하고 의아해하는 시간이 많다면, 그 사람은 적합한 상대가 아님을 알 수 있다.

Love Me
Don't Leave Me

경고 신호

핵심신념을 자극하는 해로운 유형의 사람들(유기자, 학대자, 박탈자, 파괴자, 비판자) 외에도, 단지 익숙하단 이유로 끌릴 수 있는 해로운 성격과 행동이 있다. 다음은 기타 주의해야 할 행동 목록이다. 다시 한번 말하지만, 기록을 남기길 권한다. 낭만적이지 않게 들리겠지만, 연애 초반에는 흥분이 가득해서 이러한 패턴을 무시하기 쉽기 때문이다.

▶ **흑백논리자**: 모든 것을 극단적으로 바라보고, 모든 것에 대해 매우 강한 의견을 갖고 있다. 자신의 의견과 다른 사람을 잘 이해하지 못한다.

▶ **판사 같은 사람**: 흑백논리자와 마찬가지로 의견이 매우 강하고, 종종 가혹하며, 자신의 견해에 대해 매우 완고하다.

▶ **남 탓하는 사람**: 자신에게 일어난 모든 일을 다른 사람 탓으로 돌린다. 예를 들어, "내게 과속딱지를 뗀 그 경찰, 아주 나쁜 놈이야"라고 말하면서, 자신이 제한 속도를 초과한 사실은 언급하지 않는다. 시간이 지나면 이 사람은 당신을 탓할 것이다.

▶ **옛 애인을 험담하는 사람**: 이 사람은 자신의 옛 애인에 대해

끊임없이 이야기한다. 그의 말만 들으면, 옛 애인은 세상에서 가장 나쁜 사람이다. 관계에서 모든 잘못의 원인이 상대방에게 있다고 여긴다. 관계가 끝난 것에 대해 자신은 어떠한 책임도 없다고 생각한다.

▶ **피해자**: 이 사람은 남 탓하는 사람과 비슷하되 좀 더 수동적으로 표현한다. 자신에게 생긴 나쁜 일을 그저 우연으로 여긴다. 다른 사람들에게 이용당하기 쉽다.

▶ **농담꾼**: 모두가 웃음을 좋아하지만, 이런 사람은 다른 사람들에 대한 경멸을 유머로 감추려고 한다. 비꼬는 그의 발언은 웃기지 않고 상처만 준다.

▶ **고수하는 사람**: '항상' 같은 방식으로 행동한다. 매우 고집이 세고 다른 방식을 받아들이지 않는다.

▶ **비판자**: 매사 모든 사람에게서 문제점을 찾아낸다. 비판할 거리만 계속 찾고 있는 듯한 느낌을 준다.

▶ **돈 후안**Don Juan: 끊임없이 추파를 던진다. 이런 행동은 매우 부적절하며 상대를 평가절하하는 것이다.

▶ **소유자**: 이 사람은 당신의 모든 인간관계를 의심하고 질투한다. 상대가 오직 자신에게만 집중하길 원한다.

▶ **이상화하는 사람**: 상대를 떠받들고 숭배한다. 그러나 안타깝게도, 머지않아 기대에 미치지 못한다며 당신을 그 자리에서

끌어내릴 것이다.

▶ **비관론자**: 모든 사소한 사건을 재앙의 시작으로 여긴다. 끝없이 부정적인 그의 세계관은 건강한 관계를 가로막을 것이다.

이러한 행동의 빈도를 기록해 두자. 건강한 관계를 방해하는 일관된 행동 패턴을 인식하는 것이 중요하다(물론 누구나 이런 행동을 할 수 있고, 가끔은 괜찮다). 나는 삼진아웃 규칙을 좋아한다. 한 달 동안 상대방이 이러한 행동을 보인 횟수를 기록하고, 세 번 이상 반복되면 주의할 필요가 있다.

상대의 가치관

이 여정에서 우리는 자신이 중요하게 여기는 가치를 확인했고, 가치 중심의 삶에 대해 생각해 봤다. 따라서 당신과 함께 있는 사람과 비슷한 가치관을 갖는 것이 중요하다. 꼭 똑같을 필요는 없지만, 서로 양립할 수 있어야 한다. 당연히 누군가와 막 데이트를 시작하면서 가치 목록을 알려달라고 요청하지는 못해도, 상대를 알아가면서 가치관을 어느 정도 추측할 수 있다. 예를 들어, 그가 봉사활동이나 자선 단체에 참여하고 있다면 배려심과 동정심이 깊다고 추측할 수 있다. 운동을 꾸준히 하고 식습관과 음주에 신경을 쓰는 사람이라면 건강, 체형, 삶의 질에 가치를 둔다고 볼 수 있을 것이다.

일지에 다음 질문에 대한 답을 적어 보자.

▸ 자신이 추구하는 가치를 나열해 보자.
▸ 상대방이 추구하는 가치를 나열해 보자.

연애를 시작하면 길을 잃고 잠시 중요하게 여기는 가치를 잊어버리기 쉽다. 몰리는 짐과 데이트할 때 그런 경험을 했다. 짐과 함께 보내는 시간은 너무 즐거웠고, 누군가와 이런 연결감을 느낀 건 정말 오랜만이었다. 그녀는 초기 징후, 즉 짐의 질투와 의심하는 성향을 알 수 있는 몇 가지 행동을 간과했다. 그와 함께 있는 시간이 너무 재미있었기 때문이다. 그들이 사귄 지 3주가 되었을 무렵, 그녀는 짐에게서 사랑하는 것들을 적은 목록을 문자로 받았다. 그중에는 그녀에게 아첨하는 내용도 있었지만(몰리는 자신이 이를 알아차렸다는 사실에 기뻤다), 복수, 음주, 돈, 승리 등이 암시된 다른 항목은 그녀의 가치관과 맞지 않았다. 무엇보다 그의 자녀를 전혀 언급하지 않은 것이다! 그 순간 그가 자신과 맞지 않는 사람임을 깨달았다.

　우리가 관계에서(특히 초기 단계에서) 직면하는 어려움 중 하나는 모호함, 즉 불확실성이다. 우리는 앞으로 어떻게 될지 알고 싶어 한다. 환상을 품고, 예측하며, 현재를 떠나 미래에 집착하게 된다. 그러나 과거에 머무르는 것이 유익하지 않은 것처럼, 불확실한 미래에 집착하는 것 역시 무익하며 상당한 방해가 될 수 있다. 항상 주의를 기울이고 마음챙김을 하며 현재에 머물도록 하자.

우리의 여정은 계속된다

이 책은 끝났지만 우리의 여정은 계속된다. 지금까지 강렬한 감정을 일으키는 정보가 많았을 테고, 그것을 모두 소화하는 데에는 시간이 걸릴 것이다. 자신과의 관계, 버림받는 두려움(그리고 그 외의 다른 핵심신념), 이야기, 생각, 감정, 행동이 변화하는 길에 당신이 들어섰기를 바란다. 우리는 핵심가치를 발견하고 다시 회복했다. 그 가치는 새로운 행동과 의사소통의 동기와 로드맵이 되었다. 이제 우리는 자신에 대한 인식과 이야기에 대해 새로운 관점을 갖게 되었다. 더 나은 삶과 지속되며 사랑이 가득한 관계를 만들기 위해 변화 불가능한 것은 수용하고 변화가 가능한 것에 전념하게 되었을 것이다. 그리고 변화가 쉽고 빠르게 일어나지 않음도 깨달았을 것이다.

나는 이 책에서 중요한 개념, 연습 활동, 기술을 많이 소개했다. 한 번 읽고 나서 모든 내용을 완벽히 이해하고 소화해서 실행하리라곤 기대하지 않는다. 당신이 아무리 뛰어난 지성과 강한 동기를 갖췄다고 해도 자신에게 그런 기대를 하는 것은 비현실적이다. 필요한 부분으로 다시 돌아가 읽고 복습하기를 권한다. 자신에게 자비로움을 갖고, 꾸준히 실천하도록 스스로를 격려하자.

질문이 있다면, 나의 홈페이지(http://www.lovemedontleaveme.com)를 통해 연락하길 바란다. 홈페이지에서는 이 여정을 계속하는 동안 도움이 될 만한 추가 자료도 찾을 수 있다. 일지를 계속 쓰기를 권한다. 일지는 방향을 잃지 않고 자신의 발전 과정을 기록하는 훌륭한 방법이다. 경험과 함께 현재에 머물게 되는 이점도 있다. 홈페이지에서 제공하는 온라인 일지 기능을 마음껏 활용해도 좋다.

우리의 여정은 계속된다!

Alvarez, Michael R. 2011. "The Amygdala and the Social Brain." *Psychology Today*. February 3, http://www.psychologytoday.com/blog/the-psycholog y-behind-political-debate/201102/the-amygdala-and-the-social-brain.

Aron, Elaine. 1999–2013. From the home page of *The Highly Sensitive Person*. http:// www.hsperson.com.

Behary, Wendy. 2013. *Disarming the Narcissist: Surviving & Thriving with the Self-Absorbed*. Oakland: New Harbinger Publications.

Biglan, Anthony, Steven C. Hayes, and Jacqueline Pistorello. 2008. "Acceptance and Commitment: Implications for Prevention Science." *Prevention Science* 9(3): 139–152. doi: 10.1007/s11121-008-0099-4.

Blatt, Sidney J. 1995. "Representational Structures in Psychopathology." In Dante Cicchetti and Sheree L. Toth (eds.), *Rochester Symposium on Developmental Psychopathology: Emotion, Cognition, and Representation* 6: 1–34. Rochester, NY: University of Rochester Press.

Duckworth, Ken, MD, and Jacob L. Freedman, MD. 2012. "Borderline Personality Disorder Fact Sheet." National Alliance of Mental Illness. November. http:// www.nami.org/Template.cfm?Section=By_

Illness&Template=/ContentManagement/ContentDisplay. cfm&ContentID=44780.

Fruzzetti, Alan E., PhD. 2006. *The High-Conflict Couple: A Dialectical Behavior Therapy Guide to Finding Peace, Intimacy & Validation*. Oakland: New Harbinger Publications.

Gilbert, Paul, and Chris Irons. 2005. "Therapies for Shame and Self-Attacking Using Cognitive, Behavioural, Emotional Imagery and Compassionate Mind Training." In Paul Gilbert (ed.), *Compassion: Conceptualisations, Research and Use in Psychotherapy* (263–325). London: Routledge.

Goleman, Daniel. 2006. *Emotional Intelligence*. New York: Bantam Books.

Harris, Russ. 2009. *ACT Made Simple: An Easy-to-Read Primer on Acceptance and Commitment Therapy*. Oakland: New Harbinger Publications.

Harris, Russ. 2012. *The Reality Slap: Finding Peace and Fulfillment When Life Hurts*. Oakland: New Harbinger Publications.

Hayes, Steven C., Kirk Strosahl, and Kelly G. Wilson. 1999. *Acceptance and Commitment Therapy: An Experiential Approach to Behavior Change*. New York: Guilford Press.

Karen, Robert, PhD. 1998. *Becoming Attached: First Relationships and How They Shape Our Capacity to Love*. New York: Oxford University Press.

Linehan, Marsha M. 1993. *Skills Training Manual for Treating Borderline Personality Disorder*. New York: Guilford Press.

Lohmann, Raychelle Cassada, and Julia V. Taylor. 2013. *The Bullying Workbook for Teens*. Oakland: New Harbinger Publications.

McKay, Matthew, PhD, Martha Davis, PhD, and Patrick Fanning. 1995. *Messages: The Communication Skills Book*. Oakland: New Harbinger Publications.

McKay, Matthew, PhD, Patrick Fanning, and Kim Paleg, PhD. 2006. *Couples Skills: Making Your Relationships Work*. Oakland: New Harbinger Publications.

McKay, Matthew, PhD, Patrick Fanning, Avigail Lev, PsyD, and Michelle Skeen, PsyD. 2013. *The Interpersonal Problems Workbook: ACT to End Painful Relationship Patterns*. Oakland: New Harbinger Publications.

McKay, Matthew, PhD, Avigail Lev, PsyD, and Michelle Skeen, PsyD. 2012. *Acceptance and Commitment Therapy for Interpersonal Problems: Using Mindfulness, Acceptance, and Schema Awareness to Change Interpersonal Behaviors*. Oakland: New Harbinger Publications.

McKay, Matthew, PhD, Sean Olaoire, PhD, and Ralph Metzner, PhD. 2013. *Why?: What Your Life Is Telling You about Who You Are and Why You're Here*. Oakland: New Harbinger Publications.

McKay, Matthew, PhD, Jeffrey Wood, PsyD, and Jeffrey Brantley, MD. 2007. *The Dialectical Behavior Therapy Skills Workbook: Practicing DBT Exercises for Learning Mindfulness, Interpersonal Effectiveness, Emotion Regulation, and Distress Tolerance*. Oakland: New Harbinger Publications.

Meichenbaum, Donald. 1977. *Cognitive-Behavior Modification: An Integrative Approach*. New York: Plenum Press.

Neff, Kristin. 2003. "Self-Compassion: An Alternative Conceptualization of a Healthy Attitude Toward Oneself." *Self and Identity* 2: 85–101.

Neff, Kristin, Stephanie S. Rude, and Kristin L. Kirkpatrick. 2007. "An Examination of Self-Compassion in Relation to Positive Psychological Functioning and Personality Traits." *Journal of Research in Personality* 41: 908–916.

Roberts, Thomas, LCSW, LMFT. 2009. *The Mindfulness Workbook: A Beginner's Guide to Overcoming Fear and Embracing Compassion*. Oakland: New Harbinger Publications.

Sullivan, Harry Stack. 1953 (reissued 1997). *The Interpersonal Theory of Psychiatry*. New York: W. W. Norton Company.

Tompkins, Michael A., PhD. 2013. *Anxiety and Avoidance: A Universal Treatment for Anxiety, Panic, and Fear*. Oakland: New Harbinger Publications.

Van Dijk, Sheri. 2012. *Calming the Emotional Storm: Using Dialectical Behavior Therapy Skills to Manage Your Emotions and Balance Your Life*. Oakland: New Harbinger Publications.

Williams, Rebecca E., PhD, and Julie S. Kraft, MA. 2012. *The Mindfulness Workbook for Addiction: A Guide to Coping with the Grief, Stress, and Anger that Trigger Addictive Behaviors*. Oakland: New Harbinger Publications.

Young, Jeffrey E., PhD. 2004. "Young's Ten Common Schema Coping Behaviors." Schema Therapy for Couples Workshop. New York, November 5 and 6.

Young, Jeffrey E., PhD, and Janet S. Klosko, PhD. 1993. *Reinventing Your Life: The Breakthrough Program to End Negative Behavior…and Feel Great Again*. New York: Penguin Putnam.

Young, Jeffrey E., PhD, Janet S. Klosko, PhD, and Marjorie E. Weishaar. 2003. *Schema Therapy: A Practitioner's Guide*. New York: The Guilford Press.

Love Me
Don't Leave Me

• 이 연구는 2024학년도 대구대학교 학술연구비지원으로 수행되었음

사랑을 시작할 때
우리가 망설이는 이유

1판 1쇄 인쇄 2025년 3월 7일
1판 1쇄 발행 2025년 3월 21일

지은이 미셸 스킨
옮긴이 이규호

발행인 양원석 **편집장** 최두은
책임편집 이아람 **디자인** 최승원, 김미선
영업마케팅 윤송, 김지현, 백승원, 이현주, 유민경
해외 저작권 임이안, 안효주

펴낸 곳 ㈜알에이치코리아
주소 서울시 금천구 가산디지털2로 53, 20층 (가산동, 한라시그마밸리)
편집문의 02-6443-8855   **도서문의** 02-6443-8800
홈페이지 http://rhk.co.kr
등록 2004년 1월 15일 제2-3726호

ISBN 978-89-255-7382-3 (03180)